PEREGRINAÇÕES

Jean-François Lyotard

PEREGRINAÇÕES

Lei, Forma, Acontecimento

Transcrito do inglês por
Jean-François Lyotard

Tradução de
Marina Appenzeller

Copyright © 1990, Éditions Galilée, Paris
© 2000, Editora Estação Liberdade Ltda., para esta tradução.
Todos os direitos reservados.

Texto francês estabelecido pelo autor a partir de
Peregrinations, Columbia University Press, 1998

Revisão de texto e tradução	Marcelo Rondinelli e Angel Bojadsen
Composição	Marcelo Higuchi / Estação Liberdade
Capa	Antonio Kehl e Edilberto Fernando Verza
Ilustração da capa	André Marquet: *Inundação de janeiro, Notre Dame,* óleo sobre tela, 1910. Museu do Hermitage, São Petersburgo.

Lyotard, Jean-François, 1924-1998
Peregrinações: lei, forma, acontecimento / transcrito do inglês americano por Jean-François Lyotard; tradução de Marina Appenzeller. – São Paulo : Estação Liberdade, 2000

Título original: Peregrinations.
ISBN: 85-7448-009-6

1. Filosofia 2. Filosofia marxista 3. Socialismo
I. Título.

99-2019   CDD-194

Índice para catálogo sistemático:
1. Filosofia francesa 194
2. Filósofos franceses 194

ESTE LIVRO, PUBLICADO NO ÂMBITO DO PROGRAMA DE PARTICIPAÇÃO À PUBLICAÇÃO, CONTOU COM O APOIO DO MINISTÉRIO FRANCÊS DAS RELAÇÕES EXTERIORES, DA EMBAIXADA DA FRANÇA NO BRASIL E DA MAISON DE FRANCE.

Editora Estação Liberdade Ltda.
Rua Dona Elisa, 116 – 01155-030 – São Paulo - SP
Tel.: (11) 3661 2881   Fax: (11) 3825 4239
e-mail: editora@estacaoliberdade.com.br
http://www.estacaoliberdade.com.br

Sumário

Nuvens
11

Toques
31

Brechas
49

Memorial para um marxismo:
homenagem a Pierre Souyri
73

As Wellek Library Lectures in Critical Theory acontecem todos os anos na Universidade de Irvine, Califórnia, sob os auspícios do Critical Theory Institute.

Critical Contemporary Theory Institute,
David Carroll, diretor (1987)

Quero exprimir aqui minha gratidão ao Critical Theory Group da Universidade de Irvine, Califórnia, e, em particular, a Murray Krieger e David Carroll, que, amavelmente, convidaram-me a dar a Wellek Library Lecture em maio de 1986. Meu agradecimento não é acadêmico. Provém dessa espécie de sentimento que Aristóteles chamava *philía*, uma amizade compartilhada, uma afinidade. Essas aulas foram escritas diretamente "em inglês", em meu inglês. David Carroll aceitou, com generosidade, transformar esse idioleto em uma linguagem aceitável para os anglófonos. Tarefa fastidiosa e difícil. Por essa espécie de copidesque, tornou-se co-responsável pelo texto inglês. Ainda não existe nome para essa função singular, que se situa entre tradutor e co-autor e que, no entanto, está destinada a se estender com a babel das pesquisas em *Humanities*. Digamos que é a de um co-escritor. Seria pouco agradecer-lhe por isso. Não se salda um legado lingüístico.

Meu primeiro legado de inglês foi-me dado por Andrée Lyotard-May. Uma dívida que também não será possível saldar.

Por fim, acreditei ser o caso de "eu mesmo" garantir a transcrição (mais do que a tradução) do inglês americano para o francês. O exercício mereceria um longo comentário. Que o co-escritor de língua inglesa pelo menos perdoe as liberdades tomadas de passagem no nosso texto. Como na edição americana, um posfácio, escrito em francês, em memória de meu amigo e companheiro Pierre Souyri, e publicado primeiro sob a forma de artigo em *Esprit*, 61 (1), em janeiro de 1982, foi acrescentado às aulas, para tornar sensível aqui o que é peregrinar no espaço-tempo do político.

Nuvens

Chega a idade em que nos consideramos velhos o suficiente para pensar no que queremos fazer mais tarde. Digamos, aos onze ou doze anos. Eu me sentia hesitante: dominicano, pintor ou historiador? Três anos depois, primeiras tentativas de escrever: poemas, ensaios, novelas. Por volta dos vinte anos, um romance. A mulher a quem me confio então, a única, o lê. Ela declara que não sou escritor. Renuncio a escrever na mesma hora. Talvez meu romance pudesse ter sido um *"nouveau roman"*, quem sabe? Michel Butor e Roger Laporte são então meus condiscípulos na Sorbonne.

Ainda tenho idade para ser filho quando me vejo marido e pai. Obrigado, portanto, a garantir o sustento de uma família sem tergiversar. Como vocês estão vendo, um pouco tarde para me tornar monge. Do ponto de vista da arte, uma incômoda ausência de talento decide por mim. E a história desestimula minha memória miserável. Eis-me então professor de filosofia. No liceu de meninos de Constantina, na época sede de um departamento francês na Argélia (onde não nasci, por sinal). Em que ponto estava? Era um início, um fim?

A questão não vem de ontem em *narratologia*. É séria. Na Querela dos Antigos e dos Modernos, há o episódio a que chamamos "querela de Píndaro". O campeão dos Antigos é Boileau. Ora, ele se vê defendendo a bela desordem permitida pela poética de Píndaro. "Regra sem regra", dizia-se. Charles Perrault, que defende os Modernos, protesta contra essa balbúrdia. A respeito disso, escreve: "não haveria começo, nem meio, nem fim na obra, e no entanto o autor poderia julgar seu empreendimento tanto mais sublime quanto menos razoável"[1]. Em nome da modernidade, Perrault quer começos, fins e meios, de acordo com as regras.

Contudo, como demonstra suficientemente a historiazinha que começava a lhes contar, uma narrativa sempre começa pelo meio, e só há "fim" porque se decide interromper a sucessão dos acontecimentos, que é, em si, indefinida. Essa idéia de um fim que vem de maneira arbitrária amputar a ação não é certamente uma constante na concepção da narrativa. É essencial à tragédia, por exemplo (se, por um instante, a transformarmos em narrativa), ou à epopéia, marcar com força sua origem e seu termo, particularmente, por um oráculo e pelo cumprimento do oráculo. Mas, à medida que o épico cai no esquecimento, e o trágico em desuso, a periodicidade dos ritmos narrativos se perde. O tempo deixa de se organizar à maneira de uma respiração, fôlego recebido, fôlego devolvido, entre os quais a vida se inseria como entre dois silêncios ou dois nadas.

Com o crepúsculo do trágico, a rima do fim com o começo extenua-se. Nas *Anmerkungen zum Œdipus* [*Observações sobre o Édipo*], Hölderlin trai o segredo dessa volta — onde é razoável ver um traço recorrente da modernidade: "Em seme-

---

[1]. Charles Perrault, *Discours sur la poésie en général, et l'ode en particulier* (1719), citado por Théodore Litman, *Le sublime en France (1660-1714)*, Paris, Nizet, 1971.

lhante momento [o declínio da tragédia, o momento do Édipo], o homem esquece: esquece a si mesmo, e esquece o Deus, e dá meia-volta, sem decerto negligenciar a piedade, como um traidor. — No limite extremo do dilaceramento [...], ele esquece, o homem, ele mesmo, porque está totalmente no interior do momento; o Deus porque ele não passa de Tempo; e, de um lado e de outro, há infidelidade, do Tempo porque, em semelhante momento, ele vira categoricamente e porque nele começo e fim não mais se deixam, de forma alguma, combinar como rimas [...]."[2]
É uma ilusão acreditar que é possível programar a vida. A ilusão provém da antiga fé no destino ou na destinação. Permanecemos convencidos de que algo ou alguém, vamos chamá-lo de autor — e talvez nós mesmos fôssemos esse autor secreto —, tem autoridade para nos incitar a desempenhar um papel escrito por ele em nossa intenção. Mesmo as dúvidas que eu tinha no início da minha carreira podem muito bem se inscrever então no curso de semelhante destino, a título de "anos de formação". A preocupação que eu tinha de dirigir minha vida não era, em suma, o sinal de que estava consagrando meus *Lehrjahre* à procura de uma vocação que pudesse mesmo ser considerada minha? Essa busca já não era um momento na vocação que eu justamente estava buscando? — Boa maneira, afinal, de acertar suas contas com o tempo. Boa e razoavelmente desonesta. Pois esquece o grande esquecimento que Hölderlin revelava: o Deus e o homem divididos em sua conjunção, cada um cortado do outro e dando-lhe as costas. Ou seja, um tempo a partir de então sem rima com o tempo, uma doença do tempo, agora incurável.

---

2. Friedrich Hölderlin, *Remarques sur Œdipe/Remarques sur Antigone* (1804), tradução francesa e notas de Fédier, Paris, Union Générale d'Éditions (col. "10/18"), 1965.

Vocês com certeza entendem o que ainda existe de monge nestas observações. É que não existe monge que não se pergunte se Deus lhe volta, nos volta, sua frente ou seu traseiro. Principalmente se for um monge da mesma ordem que o Grande Inquisidor, em Dostoievski. Eu já tinha lido praticamente toda a obra de Dostoievski quando comecei a lecionar filosofia. E também de Bernanos, cuja exposição de uma fé torturada pelo ceticismo me cativava. Esse rigor da ordem religiosa, observem que o encontramos até no estatuto de um funcionário da República Francesa, mesmo agente de ensino da filosofia a seus jovens concidadãos. Peguem o *Dialogue des Carmélites*. Por um lado, a Madre Superiora, espiritualmente pura, tenta se entregar por inteiro à vontade divina. Bernanos opõe a ela, até igualá-la, a exatidão severa com a qual o representante da República faz a lei cívica ser respeitada. Admito a hipótese de que as duas leis, como vocês sabem, sejam heterogêneas uma à outra, tanto quanto a *Cidade de Deus*, de Agostinho, o é em relação à *Histoire de la Révolution Française*, de Michelet, ou ao *Tableau des progrès de l'esprit humain*, de Condorcet. Resta que, num caso e no outro, a função relaciona-se por inteiro com a lei: suspeita da lei e a critica, perde a esperança na lei, exige militância, coragem, sacrifício de si em nome da lei.

Lembro-me do seguinte. Um representante da União dos Escritores Soviéticos pergunta a Claude Simon: "O que é escrever para você?", Simon responde: "Tentar começar uma frase, continuá-la e acabá-la." Isso é coisa de monge. O trabalho de escrita entra na linguagem bem pelo seu meio para ali ensinar-lhe o idioma que lhe é necessário. Por meio da pretensa destinação da escrita, escrever é apenas buscar, intransitivo. Não haveria qualquer necessidade, qualquer pedido para escrever a menor frase, e nenhum Deus para dirigir ao escritor a menor prescrição de escrever uma frase

— restaria a necessidade de começar, continuar e terminar frases. Acrescento: que seja pela escrita no sentido corrente ou de outra maneira. Amar uma mulher, por exemplo, querer que ela lhe dê o filho que ela quer lhe dar, refazer sua vida para que seja possível uma vida compartilhada entre ela e o filho é também uma maneira de "frasear". Vocês perguntam em que as qualidades exigidas para levar a bom termo essa intriga comum são "monacais"? Deve-se inverter a questão: a intriga jamais é trivial se a vivermos sob o desafio da lei.

Imagino que vocês estejam julgando a evocação de minhas primeiras relações com a lei um tanto embaraçada e embaraçosa. No entanto, tenho um projeto perfeitamente límpido para essas conferências, pelo menos a meu ver. David Carroll veio me pedir, em nome de Frank Letricchia, que definisse aqui minha posição no campo da crítica e o caminho que a ela me conduziu. Confessando as três vocações que me atraíam quando jovem, dei-lhes o princípio de organização das lições presentes: três desejos de juventude, três motivos sempre insistentes desde então. O monge anunciava a lei; o pintor, a forma (e a cor); o historiador, o acontecimento. Não concluam, no entanto, que hoje eu vá lhes falar de ética, amanhã de estética e depois de amanhã de política. Não seria verdade e, além do mais, seria banal. Se evoquei os anos de juventude, assinalando seus embaraços e o meu embaraço de hoje, é, ao contrário, para dizer que as três entidades devem poder agir nos três domínios com a mesma força, mesmo que elas não disponham da mesma presença em cada um deles.

Em outras palavras, minha divisão tripartite não é de forma alguma uma divisão em gêneros ou seções, como é a regra em filosofia acadêmica. Não é uma maneira de lotear o vasto campo oferecido ao pensar. Foi possível dizer que meu trabalho tinha uma aparência fortemente eclética pelo fato de abranger as divisões entre territórios, estético, político e ético. Isso só seria verdadeiro se a inteligência fosse uma espécie de agência imobiliária e se a crítica tivesse por missão construir "teoria" no lote de terreno que lhe fosse designado. Palavras como *posição, Setzung, road, campo, itinerário* só têm sentido sob essa condição. Se sou incapaz de ter uma posição, ouso pleitear que não é devido a uma inclinação que tenha pela confusão — pelo menos é o que espero —, é porque os pensamentos não pesam. No roteiro para *A mulher canhota*, Peter Handke escreve mais ou menos o seguinte: lembre-se de que não há lugar neste mundo e que cada um deve trazer seu lugar consigo. Máxima ainda um tanto "centrada no eu". Eu preferiria dizer: em geral, não há lugar; e cada coisa traz seu lugar consigo; o lugar toma lugar por si.

Os pensamentos não são frutos da terra. Não estão depositados em seções em um grande cadastro, exceto para a comodidade dos seres humanos. Os pensamentos são nuvens. A periferia de uma nuvem não é mensurável com exatidão, é uma linha fractal de Mandelbrot. Os pensamentos são empurrados ou puxados em velocidades variáveis. Têm profundidade, mas o coração e a pele são feitos do mesmo grão. Os pensamentos não cessam de mudar de posição, um em relação ao outro.

Você pensa ter entrado bem antes na intimidade deles, ter analisado o que se chama sua estrutura ou sua genealogia, ou mesmo sua "pós-estrutura" — e, de fato, é cedo ou tarde demais. Uma nuvem projeta sua sombra sobre a outra, a sombra das nuvens varia dependendo do ângulo pelo qual você se aproxima delas.

Acho que Wittgenstein tinha em mente um pensamento (uma nuvem) desse gênero quando elaborava a idéia dos jogos de linguagem. Estes não seriam de forma alguma jogos que se jogariam empregando linguagens especiais como instrumentos. É exatamente o contrário. Wittgenstein explica que as regras de um jogo não são conhecidas pelos jogadores e que não se aprende a empregar uma linguagem porque se adquiriu expressamente suas propriedades gramaticais ou léxicas. Antes, aprende-se a falá-la avançando às cegas no oceano das frases, como fazem as crianças. No máximo, é possível, concorda ele, distribuir os pensamentos, ou melhor, as frases em famílias. Mas o que é uma família? Fixa-se arbitrariamente um si. Contam-se relações (que perfazem os *relatives* do inglês) a partir desse si e pára-se. Mas o tecido, a rede completa das relações, jamais se interrompe. Só se isolou um fragmento delas.

Os pensamentos, portanto, não nos pertencem. Tentamos entrar neles e ser por eles adotados. O que chamamos de espírito é uma contenção para pensar os pensamentos. As três entidades anunciadas, lei, forma, acontecimento, que devem conduzir meu discurso, são apenas três polaridades, as que sempre imantaram minha curiosidade pelos pensamentos.

Minha investigação sempre teve por objeto apenas um "algo em curso". Nesse curso, ora prevalece um pólo, ora outro. Pior até: sinto-me perfeitamente centrado na linha de força que emana de um pólo, e aqui estou eu cobiçando os outros com uma impaciência invejosa. Gostaria de me ocupar de todos os campos de atração ao mesmo tempo. Como é impossível, toma forma uma espécie de inibição que qualquer um que tente pensar conhece bem. Sente-se uma impotência para penetrar nas nuvens do pensamento. Ela não é anedótica. Declaramo-nos filósofos ou escritores, devemos nos confessar impostores. Não existe pensar verdadeiro que o sentido de sua indignidade não escolte. A única maneira de sair desse atoleiro, pelo menos em parte, é exibir o inelutável: pensa-se aqui e agora, em situação, e em uma única situação de pensamento por vez. De modo que o que ameaça o trabalho de pensar (ou de escrever) não é ele permanecer episódico, é ele fingir-se completo.

Pecado por excelência: a arrogância do espírito. Acreditamos que o pensar seja capaz de construir com as nuvens (os pensamentos) um sistema completo de conhecimento. Bastar-lhe-ia ir de um local a outro e sintetizar o que foi visto em cada local. Supõe-se, assim, que é possível, em princípio, igualar o conhecimento ao objeto ao qual se refere, como se o abismo entre eles pudesse ser preenchido. Decepcionando essa pretensão paranóica de igualar objeto e pensar, é só seguir a lição de Kant quando ele suspeita que a razão sucumbe ao que chama de *Streben*, um zelo que leva o pensar a ultrapassar o limite, a deter o adiamento infinito que o tempo lhe impõe. Se o tempo é o próprio adiar, jamais autoriza a síntese completa dos momentos ou das posições por onde o espírito passa enquanto se aproxima de uma nuvem de pensamento. Ainda menos quando se aproxima do céu. O tempo desloca a nuvem quando se acreditava conhecê-la com exatidão. Obriga o pensar a recomeçar a investigação, e esta deverá, além disso, proceder à anamnese do que ela acredita já ter elucidado. Hegel achava que o tempo é o conceito. Para Kant, é o desafio que o pensar deve tentar resolver. É o próprio adiar e o adiar de si mesmo.

Interrompo por um instante o argumento para seguir Aristóteles, com a sua permissão. Ele escreve que o ser sempre se dá sob aspectos diferentes, que são as categorias, e jamais o próprio ser. Este permanece absolutamente oculto. O tempo é um nome de seu retiro. Também é o que legitima chamar de nuvens os objetos a serem pensados. A metáfora descreve simplesmente a condição do pensar quando ele assume a relatividade que o afeta. Nenhum ceticismo no caso, embora os defensores da racionalidade tentem enganar a esse respeito. Quem põe na cabeça discutir as nuvens o que tirará dessa elisão que é a delas? Que sua tarefa é infinita, só isso. E não encontrará menos reconforto junto a Sterne, Diderot e Proust do que junto a Einstein ou Heisenberg. Pois todos ilustram a regra dada por Claude Simon: começar, prosseguir e acabar uma frase. Pelo menos, tentar fazer isso. Aí está "todo" o pensar ou escrever. Um exemplo: estou tentando começar a frasear um percurso que me levaria à posição que pretensamente deveria ocupar hoje. Ora, como vocês vêem, não consigo nem mesmo começar. Para conseguir, seria necessário me postar no fim do começo, em uma posição exterior à narrativa, de onde se veriam ao mesmo tempo a partida e a chegada. Esse é o ponto do oráculo trágico, um referente absoluto, o ponto do intemporal puro. Gostaria muito de poder confiar-lhes o oráculo que preside às minhas peregrinações, sua frase-chave. Mas seria necessário que eu conseguisse atingir esse ponto.

Em sua reflexão sobre o desvio categórico que separa o deus e o homem, Hölderlin observa que o verdadeiro drama de Édipo não é tanto realizar o destino que Apolo lhe prescreveu quanto sobreviver a essa realização. Leibniz diria: é continuar a viver quando, de acordo com a noção que Deus tem disso, acabamos. Quando a intriga que Édipo tinha de desempenhar acaba, pode começar uma forma de pensar que se harmonize com a essência do tempo (*time*). Esse começo surge toda vez (*time*) que surge uma frase. É mais ou menos isto que tenta se pensar sob o título da *desavença*: de uma a outra frase, o encadeamento está sempre aberto. O acontecimento advém e é uma necessidade que uma frase se encadeie a ele. Mesmo o silêncio é uma frase e, portanto, uma maneira de encadear. Mas, sobre cada ocorrência (*time*), são possíveis muitas maneiras de encadear. Por isso, cada instante é um começo no meio do tempo.

Penso que seria necessário distinguir as duas maneiras de respeitar o tempo que se encontra nas duas tragédias edipianas. A primeira é ser fiel ao destino. Chamaria a segunda de probidade. É uma faculdade de ser tocado por mudanças imperceptíveis, as que afetam a forma das nuvens que procuramos explorar e as que modificam o caminho que tomamos para nos aproximarmos delas. Imaginem o céu: é um deserto cheio de um sem-número de belos cúmulos; eles derivam; metamorfoseiam-se. Seu pensamento recai, deve recair no meio daquele curso, ali descobre determinado aspecto inesperado. A probidade é tornar-se acessível à solicitação singular que emana de cada um desses aspectos. É uma sensibilidade à singularidade do caso. O que Kant chama de reflexão. O juízo reflexionante supõe a capacidade de sintetizar dados fortuitos sem a ajuda de nenhuma regra de encadeamento já estabelecida.

 Não há dúvida de que vocês estejam julgando em segredo a metáfora das nuvens como um tanto alusiva demais para elaborar o estatuto ontológico dessas coisas indeterminadas das quais estamos tratando. Chamei esses objetos de pensamentos porque quis dizer que todo pensar é um re-pensar e que não existe apresentação da qual se possa dizer que é uma "estréia". O aparecimento disto reitera aquilo. Não que reitere a mesma coisa ou repita a mesma cena. É no sentido com que Freud entende *nachträglich*. O primeiro golpe tocou nossa alma cedo demais, o segundo tê-la-á tocado tarde demais. A primeira vez é como um pensamento já aqui, mas ainda não pensado; a segunda é esse impensado que volta e pede para ser pensado, mas quando a primeira não está mais ali.

 E o que tem a lei com isso? Vocês ouviram-me dizer que devemos nos "tornar acessíveis à solicitação...", "tentar entrar em...", que "o espírito é uma contenção", que "pensar sempre inclui indignidade", que existe a "probidade", etc. Todas estas expressões sugerem que existe algo como um apelo que convém ao pensar entender e destacar. Afinal, por que não permanecer surdo, fazer-se de morto ao fio dos pensamentos?

Confesso ter passado alguns anos, há muito tempo, estudando doutrinas em que se elabora a noção de indiferença: *ataraxía* entre os epicuristas, a *apatheía* estóica, a *adiáphora* dos estóicos extremos, o não-pensar zen, o não-ser do taoísmo, etc. Minha tese de mestrado intitulava-se *A indiferença como noção ética*. Na época, fim dos anos 1940, Freud ainda não era o filósofo que hoje reconhecemos. Minha pesquisa nessa ordem servia-se mais de Pierre Janet. O admirável estudo da loucura que é *De l'angoisse à l'extase* então me parecia de um alcance ontológico sem igual. Hoje, essa primeira melancolia parece-me, é evidente, dever-se a uma liquidação particularmente penosa de "meu" complexo de Édipo. Mas inclino-me a nela ver também o efeito dessa marcha no deserto do niilismo e do ceticismo absoluto, sem a qual, se nos fiarmos em Hegel, nem mesmo se entra na filosofia. Dado esse passo, perde-se a segurança. É por isso que seria egocêntrico dizer da indiferença que ela é apenas, ou principalmente, o temor e o fascínio que o "sem fundamento" do ser exerce sobre o pensar e sobre o escrever. Na excelente tradução do tratado zen escrito por Dogen no século XIII japonês, *Shobogenzo*, encontro o seguinte: "Ele diz: 'Dizer muitas coisas comporta muitos inconvenientes; dizer poucas coisas tem pouca força. Afastando-se do dizer-muito e do dizer-pouco, o que se dirá?'" Um pouco adiante, ele diz: "'Penetrar na relva, fazer vento'"[3]. (Cabe aqui nos lembrarmos de que *L'herbe* e *Le vent* são romances de Claude Simon.) Traduzida para nosso idioma, a resposta do monge seria: "Entrar na corrida das nuvens; decepcionar a exigência de conhecimento; renunciar a querer agarrar e dominar os pensamentos; dar-lhes pasto."

---

3. Dogen, *Shobogenzo. La réserve visuelle des événements dans leur justesse* (1232-1253), tradução para o francês e notas de Nakamura e Ceccatty, Paris, Éditions de la Différence, 1980.

Poderíamos ver nestas instruções um traço da pulsão de morte. Seria um preconceito. A noção dessa pulsão é como o reverso ou a inversão do ideal comum no Ocidente, segundo o qual a vida é ação, vontade, exploração, conquista. Preconceito que culmina na oposição entre o repouso e a agitação. Mas as maneiras como a lei se manifesta a nós podem ser antinômicas sem que a lei deixe de ser lei. Ela pode prescrever a ação e a energia, mas também o silêncio e o repouso. Não sabemos o que ela prescreve. Ela não passa da própria prescrição. Tanto em francês como em inglês, *prescription* significa ao mesmo tempo a diretiva ou a ordem e o limite imposto à aplicação de uma regra. A lei prescreve algo que é um "não sei o quê", mas também prescreve-se a si mesma, na medida em que nos proíbe e impede de nos identificarmos com ela, de nos aproveitarmos dela.

Mais uma observação a respeito desse assunto, o da extensão da lei. Acompanhei os seminários de Lacan em meados dos anos 1960. Não entendi muita coisa, a não ser que os objetos de desejo devem permanecer menosprezados pela consciência e que, se ocorrer, "a realização do desejo" será acompanhada de aflição, de angústia, de resistência e de negação. Eu mesmo sentia resistência aos ensinamentos de Lacan. Precisei de mais de vinte anos para situar um pouco essa resistência. Ela não visa ao "A maiúsculo" do esquema lacaniano. Ao contrário, o conceito A permite, acredito, fundamentar bem a diferença entre desejo e exigência, entre o que Lacan chama de real, que depende da ordem do desejo ou do isso, e o imaginário, que ele remete à economia do Eu e de sua exigência. A irritação que eu sentia com a leitura de Freud feita por Lacan provinha-me do simbólico. Esse terceiro nome recobre "o resto", o conjunto do campo da linguagem, o conhecimento. Dessa distribuição, resulta que todo saber se constitui apenas na forma do teórico e que essa forma deve ser concebida como uma rede ou uma estrutura de oposições significantes. Com isso, as outras modalidades de expressão (de frase) só podem ser relegadas ao imaginário, ao engodo. Em particular, as formas, os diversos modos de organização dos "dados", em extensão e em duração, os ritmos sonoros, a correspondência dos timbres, os ritmos das cores e dos valores luminosos, a composição das linhas, das superfícies e dos volumes, enfim, a escrita como arte — seria necessário pensar tudo isso como saído de um inconsciente ocupado em satisfazer a exigência e enganar o desejo. O gosto puro, a apreensão e a apreciação das formas por um sentimento de prazer ou de dor só forneceriam ao inconsciente oportunidades de lograr o espírito. Acreditei, diante dessa conclusão perigosa, que era necessário fazer algo para reservar um lugar à beleza e ao sentimento, a despeito do privilégio imperial de que o conceito gozava no pensamento lacaniano. Foi, acredito, o motivo principal que conduziu minha investigação para o lado das formas, de onde resultou *Discours, figure*, em 1971. Hoje me pergunto se a resposta que o livro dá ainda não é por demais conveniente, por demais diretamente devida à concepção freudiana do inconsciente. Explicarei essa suspeita adiante.

A predominância do modelo estrutural nas questões como a inteligência das nuvens de pensamento ou a resposta ao apelo da lei tinha mais uma conseqüência, em outra parte: apenas a análise semiótica, julgava-se, permitia descrever as formas estéticas corretamente. Essa análise podia flexibilizar-se a ponto de assimilar as ambigüidades e os paradoxos que uma leitura de tipo freudiano detecta na obra de arte assim como no sonho. Podia também se congelar em dogma, como se via com os *Elementos de semiologia* do primeiro Barthes[4].

---

4. Roland Barthes, *Elementos de semiologia*, São Paulo, Cultrix, s/d.

A paixão pela estrutura chegava então até a reduzir simplesmente as formas sensíveis a estruturas conceituais como se a única faculdade capaz de captar as formas fosse o entendimento. Habituado ao pensamento de Merleau-Ponty, esse hiper-racionalismo parecia-me uma "*racionalização*" bem pouco racional. Eu necessitava de uma razão que respeitasse mais a diversidade dos modos do pensar, necessitava de uma racionalidade multiplicada que permitisse, mesmo que timidamente, reler e reescrever a divisão kantiana da razão. Enquanto me demorava em meio às nuvens, começava a surgir a idéia de que, efetivamente, o pensar é convocado pela lei, mas por caminhos diversos que podiam ser incomensuráveis com os do conhecimento. Pois é certo que temos de explorar as nuvens de pensamento e que a indiferença não é possível, ou melhor, que ela própria é uma maneira de responder ao apelo. O desejo de exploração é uma tarefa para a qual somos encarregados pela lei. Mas talvez essa tarefa devesse ser realizada segundo modos múltiplos, completamente diferentes. E a marca da lei, quero dizer, sua desmarcação, seu retiro, ser bem mais respeitado no meio dessa diversidade do que pelo privilégio cuja exclusividade a teoria se arroga.

Estes pensamentos não eram decerto tão claros então quanto parecem hoje. Na época, final dos anos 1960, a crítica de um estruturalismo evidentemente demasiado racionalista para não ser exagerado podia também servir de pretexto para mais uma vez evitar a exigência da lei. Na presente anamnese, é um ponto que merece um pouco de atenção.

Alguém que escreve ou pensa é sempre tentado, acredito, por uma fraqueza. Sempre lhe é deixada a faculdade de ignorar que ele é o devedor de um "não sei o quê". Então ele começa a traçar sua rota nas nuvens de pensamento como se nem o traço, nem a obrigação de traçar fossem devidos a um apelo. Ora, a convocação da qual falei não é nem um efeito de vontade, nem o resultado de uma necessidade. Não temos o domínio desse apelo, nem ele nos determina por inteiro. Uma coisa é ser chamado ou obrigado; outra completamente diferente é ser arrastado por uma causalidade formulável de modo explícito ou por um conjunto de pulsões tão estreitamente interligadas que seu sentido não se prestaria à hesitação, à dúvida, nem à crítica (penso aqui no poder que a fantasia pode assumir na histeria, e olha lá...). No sentido oposto, obteríamos a "prova" de que estamos encarregados de encadear os pensamentos ou as frases umas nas outras, que disso não decorreria jamais dominarmos os encadeamentos.

Como o conteúdo da lei permanece inexplicitado, cabe a nós realizá-lo na medida do possível, como diz Claude Simon. Ora, o que nos guia nesse trabalho é um sentimento. Devemos julgar que determinada via de exploração é melhor que outra, embora não disponhamos de qualquer critério para esse juízo. No que diz respeito a discriminar os próprios sentimentos, sabemos quanto isso é difícil na ausência de um meio de determinar sua amplidão ou suas conotações. Disso se induz que só podem ser discriminados em termos de qualidade, de intensidade e até de irresistibilidade.

Era essa a minha conclusão quando escrevi *Économie libidinale*, em 1974. É, repito, meu livro mau, um livro maldoso, aquele que qualquer um que escreva e pense fica tentado a fazer um dia. Chegaria a dizer que a desesperança desvairada que nele se exprime é análoga à do *Neveu* [sobrinho] *de Rameau*, se eu não soubesse que os dois textos são incomparáveis em termos de valor. Mas têm em comum uma vertigem, a que agarra o pensar quando percebe quanto os critérios graças aos quais ele responde normalmente às exigências da lei são pouco fundamentados. Uma diferença, contudo, distingue esses textos, além da de gênio: sob as características do Sobrinho, o diálogo de Diderot coloca em cena um representante da incredulidade, enquanto minha prosa tinha a pretensão de destruir ou de desconstruir a própria representação, a encenação. Ela tentava inscrever sobre si mesma, diretamente, a passagem das intensidades, sem distância teatral. Projeto bastante ingênuo, para não dizer compulsão pura. Disso resultava uma espécie de *acting out*, uma passagem ao ato, que eu racionalizava (era minha vez de racionalizar), dizendo-me que uma escrita muito curva, muito flexível, em vez de representar o sentimento em sua vagueação, seria sua própria presença, atuada no cerne das palavras. De modo que minha única fé foi me tornar passível ao máximo às emoções que vinham: cólera, ódio, amor, repulsa, ciúme. Lutava desesperado para submeter meu texto às nuanças perfeitamente antitéticas desses movimentos. Os que leram esse livro, graças a Deus bem poucos, tomaram-no, de um modo geral, como um exercício de retórica e não tiveram qualquer consideração para com o sismo que minha alma suportara para chegar até lá. Com certeza, tinham razão, mas ainda digo a mim mesmo que o livro atingiu sua meta, mostrando, pelo privilégio evidente que concede à maneira de escrever, ao "estilo", quanto é vão argumentar sobre os conteúdos e debater sobre eles, quando o que conta é só a chance que as palavras têm de serem amadas ou detestadas. À sua maneira, o livro "efetuava" a ruína da hegemonia do conceito no que chamamos de recepção. Comparado com o pecado mortal que é a digestão das obras pelas estruturas, *Économie libidinale* também era um pecado, decerto, mas venial, até honrado, digamos: como oferecer um sacrifício para seduzir os deuses. Os raros leitores, portanto, detestaram-no, só viram nele afronta, despudor, e provocação.

Provavelmente era esse o caso, mas a questão permanecia aberta, e permanece em aberto saber se o ser é, como pensamos, modesto e bem-comportado, ou impudente. Peguem a histeria, a hipocondria. Elas também não são maneiras para o ser ou a lei se anunciarem? O dionisismo dos pagãos não correra o risco de se representar um ser histérico? Tive a oportunidade de discutir sobre isso com Richard Foreman, após ter lido, alguns anos mais tarde, os *Manifestes hystérico-ontologiques*[5]. Como Diderot, Foreman tinha uma vantagem sobre mim: ele compreendera que não se pode evitar colocar as intensidades em cena. Não sonhava encenar sua apresentação no corpo do texto. Compreendi, por minha vez, que havia arrogância em pretender igualar o ser pela escrita. Como se esta pudesse ocupar a posição da lei, ignorar seu retiro. Aí estava o verdadeiro escândalo. Dessa pretensão só poderia resultar uma paródia ruim.

Seria mais inspirado, certamente, representar a paródia, como faz Diderot, em vez de praticá-la. Para meu azar, eu não era um dialético sutil o suficiente para me convencer de que não é possível se livrar do diferir ou da diferença. Ou melhor, o retiro do ser, sua fuga, inspirava-me tanta deferência ou suspeita que me tornei incapaz de curar minha melancolia ou meu ceticismo por um tratamento de dialética. Um estudo de Suzanne Gearhart mostra, no entanto, como é fácil para a *Aufhebung* hegeliana recuperar a miséria do *Neveu*[6].

Toda a questão reside, mais uma vez, na função do tempo e do ritmo. Se a diferença é inevitável e a identificação ilusória, então deve-se renunciar à idéia de que um processo pode se rematar. E até de que possa adicionar seus resultados transitórios. Em consideração ao retiro do ser, o humor que se

---

5. Richard Foreman, "Hysterical Ontological Manifestos" *in* Kate Davy, org., *Plays and Manifestos*, Nova Iorque, New York University Press, 1976.
6. Suzanne Gearhart, "The Dialectics and its Aesthetic Other: Hegel and Diderot", *Modern Language Notes,* 5 (101), dezembro de 1986.

vincula às metamorfoses do Sobrinho, ou *mutatis mutandis*, à grande pele libidinal da *Économie* era, em todo caso, mais sensato do que o projeto tolo de edificar uma teoria global. Finalmente, se me permitem, inscrever as metamorfoses de Eros e de Dioniso como eu fazia não me parece ter sido desatinado a ponto de fazer com que acreditassem que os próprios deuses pagãos ocupavam toda a cena do texto. Mesmo na histeria, a angústia não é que o deus esteja longe demais, é que esteja perto demais, certamente, mas que esteja de costas, como diz Hölderlin. "Estar na intimidade dos deuses sem lhes ver o rosto", eis o que bem conviria à *Économie libidinale*. A verdadeira desgraça, para separar o joio do trigo, é não se poder confiar na intensidade dos afetos. Se o valor fosse proporcional ao teor de energia, então não haveria absolutamente lei, e o monge seria o diabo, também. É uma lição que eu poderia ter tirado, vinte anos antes, da leitura do *Doutor Fausto*. Em busca de formas musicais inauditas, Leverkühn, o herói, é levado aos confins do inferno. Os sons da natureza, as vozes da santidades calaram-se, como se a receptividade típica do ouvido humano tivesse fenecido. Da mesma forma que a Alemanha, sua nação, submetida moral e politicamente à estética nazista, sucumbiria na decadência, ele acaba por se destruir.

    O monge que eu tentava ser deveria ter se lembrado de que o paganismo polimorfo, a investigação e a exploração de todas as formas possíveis de intensidade poderiam resvalar com facilidade em uma permissividade sem lei e suscitar violência e terror. Decididamente, eu ainda não estava protegido dos encantos da indiferença.

TOQUES

Depois do que lhes contei ontem, vocês vão achar que o pequeno peregrino tinha um tributo realmente pesado a pagar à lei: quantas incertezas antes de lhe conceder seu reconhecimento, sua deferência e sua... diferença! Mas esse tributo de hesitações não seria já uma maneira de aceitar a lei? Seria possível defender isso... Regresso aos quinze anos que precederam a "crise" de *Économie libidinale*. Consagro todo o meu tempo e toda a minha energia "trabalhando", como se dizia, em um grupo revolucionário. Esse grupo tinha o nome da revista que publicava, e esse nome era uma frase: "Socialismo ou barbárie". É útil precisar hoje em dia que aquilo significava uma alternativa: ou seria o socialismo, ou a condenação à barbárie. Éramos uma pequena organização, política e teórica. Criticávamos todas as variantes conhecidas do socialismo e da luta de classes, reformista, anarquista, trotskista, stalinista. Crítica dos discursos, crítica das práticas. Castoriadis e Lefort figuravam entre os fundadores do grupo. Nele se encontravam trabalhadores e intelectuais espanhóis, americanos, alemães, ingleses, italianos, que haviam rompido com a Quarta Internacional (trotskista) no final da Segunda Guerra Mundial. Não vou lhes contar a história do grupo. (Remeto o leitor ao "Memorial para um marxismo", adiante, onde são relatados elementos dessa história do ponto de vista de meus relatos e de minhas desavenças com o grupo.) A luta contra a exploração e a alienação tornou-se a razão de minha vida. A ponto de, durante esses quinze anos, eu não fazer ou sentir quase nada que não fosse imediatamente ligado à causa. Em particular, acabou-se a escrita. Apenas anotações e estudos de política, publicados na revista ou em um jornal mimeografado, *Pouvoir ouvrier*. Íamos divulgar o jornal nas portas das fábricas pela manhã, bem cedo, e na rua, quando das manifestações. Só me autorizo a escrever com o intuito de contribuir para o combate. Quando voltar à escrita "propriamente" dita, será o sinal de que a militância acabou. O que se busca, então, é um outro modo de legitimação, que talvez jamais seja algo além de sua própria busca.

É claro que houve algo de sacrifício nesse tipo de engajamento na reflexão e na prática políticas. O desejo monacal de uma obediência evidentemente ficava saciado. Mas também havia o velho anseio de sentir o contato com a matéria concreta da história e a impaciência de ir ao encontro dos acontecimentos. Eu pusera um ponto final nos estudos anteriores sobre a indiferença em psicologia, ética e filosofia, escrevendo uma brochura para mim. Intitulava-se *Manual*, em homenagem ao *Encheiridion* de Epicteto. O manual chegava à conclusão da urgência de examinar o que se chama de realidade, em particular a das relações sociais: a meta que se persegue sempre gera conflitos. Vocês podem imaginar que nesse sentido a Segunda Guerra Mundial abalara bastante meu modo de vida e de pensar, solidão, introspecção, poesia. Dela participei *in extremis*, em agosto de 1944, como enfermeiro, quando dos combates de rua pela libertação de Paris. O *Manual* e as barricadas são do mesmo momento. É tentador representar para si um acontecimento como um face-a-face com o nada. Algo como estar em presença da morte. Mas as coisas não são tão simples. Muitos acontecimentos advêm sem que se possa encará-los. O nada que ocultam não se manifesta, permanece imperceptível. Acontecimentos sem barricadas. Eles nos vêm escondidos sob a forma exterior do cotidiano. Para ser sensível à sua qualidade de acontecimentos, é preciso conseguir escutar um timbre singular que eles têm, aquém de seu silêncio e de seu ruído. Devemos ser sujeitos ao "acontece" mais do que a "o que acontece". E isso exige, afinal, muita sutileza na percepção das pequenas diferenças.

Não se trata de um problema de concentração, de atenção. Nesse campo, o melhor guia que se pode encontrar é Freud, quando ele recomenda ao analista a maneira como deve abrir os ouvidos para o discurso do paciente na sessão. Dê a esse discurso (outra vez, um problema de crédito), diz ele, uma "atenção flutuante". Você só conseguirá isso empobrecendo seu espírito, limpando-o, o máximo que puder, até que ele se torne incapaz de antecipar o sentido do que está sendo dito, ou seja, precisamente o "o que" do "acontece". Trata-se de uma ascese, um poder suportar a ocorrência "diretamente", sem a mediação protetora do "pré-texto". Então é possível encontrar o acontecimento como nos confins do nada. O acontecimento permanecerá inacessível enquanto o si se deixará seduzir por sua própria natureza, por suas riquezas, sua saúde, o conhecimento, a memória. Nietzsche escreve que a verdade chega pelas patas da pomba. Façamo-nos fracos e doentes, como Proust. Apaixonemo-nos de fato. E talvez ouçamos a pomba pousar, em silêncio. Cézanne permanece assim, sem gesto, enquanto seu olhar percorre o monte Sainte-Victoire, à espera do nascimento da "pequena sensação", como ele dizia, a cor em sua ingenuidade. A idéia de acontecimento está diretamente ligada à questão da matéria e da existência. Se Cézanne tem uma dívida, não é para com a paisagem como motivo realista, nem como organização de formas. É para com um "algo" que pode lhe saltar aos olhos, sob os olhos, se seus olhos estiverem em condições de acolher esse "algo", uma qualidade de cromatismo, um timbre colorido. Para atingir esse estado, é necessário "passividade", uma passividade sem *páthos*, exatamente o contrário da atividade controlada do espírito, mesmo o inconsciente. A autonomia que se apropria, a espontaneidade que imagina são impedimentos para o ver esperado. É necessária uma recepção que se faça meticulosa, que suspeite, que aponte um "fato" insólito, infalível, o fato de que há (algo, veremos) aqui e agora, sem que se saiba o quê. Como se alguma coisa estivesse ali, escondida, monte Sainte-Victoire — digam o ser, se quiserem, Kant dizia "o X em geral", e como se estivesse jogando contra o pintor, dando-lhe golpes com matéria cromática. E o pintor tentará responder a esses golpes depondo em sua tela toques de óleo ou de aquarela. Um golpe faz sair um púrpura, outro golpe libera uma modulação de amarelo que inunda a atmosfera.

    Os olhos de quem contempla a série inteira do monte Sainte-Victoire pintadas por Cézanne viajam por um mostruário de cores sutis, as que "o X" joga contra o artista. São como dois rivais, dois cúmplices que tentam surpreender-se a golpes de tons e sombras. Este é o caminho singular por onde se explora aqui uma nuvem de pensamento cujo nome é monte Sainte-Victoire. Método inusitado, porque o pintor se mostra completamente livre em relação aos critérios habituais, significação, coerência, semelhança, identificação, reconhecimento. Ele só tenta captar a cor em estado nascente, uma aurora de nuvem no horizonte.

E o termo *toque* sugere isso maravilhosamente, devido a seu cárater equívoco: o toque de amor e de guerra entre a carne do pintor e a do mundo (como dizia Merleau-Ponty), mas também a marca singular de um estilo. Cézanne proporciona à cor a conhecida preeminência em relação à forma. Esta se mostra acabada, escreve, quando a cor atinge sua perfeição. A disposição de cores mais escuras é o suficiente para esboçar um desenho. A "queda", dizia, a queda de um plano sobre outro, não deve ser assinalada, ela não tem existência, só se deve sugeri-la aos olhos como uma diferença possível enquanto corre entre as cores. Só a visão organiza a distribuição das cores. A hierarquia clássica — desenho, depois cor — dos componentes da pintura encontra-se invertida. A arte deve-se a uma disposição de receber o material das sensações, o estar-aí mais do que o que há aí. Quanto ao desafio da arte, essa ascese acarreta uma espécie de conversão. Pois estamos falando da lei, me parece. Na obra de Cézanne, o controle das formas deixa de ser a grande preocupação. Trata-se de vir se colocar sob a dependência de uma "matéria" que se esconde nos "dados". Desse deslocamento nascem, como vocês sabem, as correntes que vão revolucionar a arte: ao acaso, o minimalismo ou a abstração lírica na pintura, o *happening*, a *performance*, a música pobre. Essa mutação tem um alcance ético, como Cage testemunha em *Silence* ou *A Year from Monday*[1]. A correspondência de Cézanne já diz de uma metáfora: "Trabalho obstinadamente, entrevejo a Terra Prometida! Serei como o grande chefe dos he-

---

1. John Cage, *Silence*, Middletown (Conn.), Wesleyan University Press, 1961; *A Year from Monday*, Londres, Calders and Boyars, 1968.

breus, ou poderei nela penetrar? [...] A arte seria de fato um sacerdócio que exige puros que lhe pertençam por inteiro?"[2]. Qual a relação com a política e a história?, me dirão vocês. Seria bem agradável poder responder-lhes, sem mais nem menos, que não há qualquer diferença, que a ascese que deve tornar o olho do pintor acessível à cor é, sob todos os pontos, análoga ao afinamento da sensibilidade exigida — e produzida — pela história ou pela política quando é necessário detectar acontecimentos quase imateriais. É de acordo com essa assimilação que Merleau-Ponty aborda o campo histórico-político. E também Claude Lefort, quando elabora a condição do político a partir de sua leitura da "obra Maquiavel".

Não acredito, contudo, que se possa pensar as duas regiões, estética e histórico-política, de maneira idêntica (o que não quer dizer que os pensadores citados o tenham feito). Pode-se no máximo relacioná-las analogicamente. Mas ainda é necessário aprofundar mais. Trata-se de saber em que a coisa política, do ponto de vista constitutivo, é aparentada à arte. Ambas acolhem certamente uma mesma maneira de pensar, a que Kant chama de juízo reflexionante. O pensar aí se mostra capaz de sintetizar os dados, sensoriais ou sóciohistóricos, sem utilizar regras predeterminadas. Nos dois casos, avança através das nuvens; toca-as como enigmas; elas "estão aí", mas "o que são", sua razão, não está aí. Vimos em resumo que Cézanne está nessa condição diante de sua montanha. Sob esse aspecto, provavelmente não se encontrarão decerto mais critérios em política do que em estética. Numa e noutra, deve-se "aguçar os ouvidos" para a diversidade do que se propõe fortuitamente, antropológico ou cro-

---

2. Paul Cézanne, em carta a Ambroise Vollard (9 de janeiro de 1903), *Correspondance*, Paris, Grasset, 1937, p. 252.

mático. E se houver um problema, não vem do número, da pequenez, da instabilidade das nuvens formadas pelas cores ou pelas motivações. Tampouco de que o pensar está ele próprio imerso na massa de pensamentos. Pois, de qualquer modo, não é próprio do pintor chegar a uma boa definição da cor, seja segundo sua essência, ou mesmo surgindo para se compor em paisagem. Não mais do que é próprio do político buscar ter um conhecimento completo, como aquele pelo menos que um cientista pode esperar, da situação em que se encontra. O político tem necessidade de saber, mas o conhecimento não passa para ele de um componente de uma ação em andamento. Seu desafio não é conhecer as coisas, mas mudá-las, como o artista não busca a ciência, mas como restituir e fazer transitar rumo ao outro o que se pode oferecer à sua sensibilidade. Dito isso, sublinho apenas que um e outro não estão sujeitos à hegemonia do gênero de discurso dito cognitivo, ainda que escapem dele, respectivamente, de modos totalmente distintos.

    Dir-se-ia, em termos kantianos, que eles não se servem de juízos determinantes, pelo menos de forma predominante. A problemática deste último tipo de juízo é a seguinte: dado um conceito, encontrar os casos que lhe podem ser subsumidos e começar assim a validar esse conceito. O entendimento possui portanto aqui uma regra de explicação e é usado para isolar os referentes aos quais se aplica. Essa maneira de explorar os pensamentos, que é a ciência, produziu efeitos extraordinários. É que sua regra comporta, constitutivamente, sua própria aplicabilidade. Não é surpreendente ela ter por resultado a formação de um mundo novo, que está em relação ao mesmo tempo com a natureza e o artefato, o universo da tecnociência. Sob o nome de *Gestell*, Heidegger nele vê a maneira como o ser se relaciona com o pensar, na época moderna.

Não há necessidade de mostrar a hegemonia que o juízo determinante exerce sobre o mundo contemporâneo. Basta observar o valor que nele se dá ao programa, à visão exploratória, à eficácia, à segurança, ao cálculo, etc. Isto não impede que outros jogos ou outros gêneros de discurso permaneçam possíveis onde não é pertinente, nem mesmo permitido, formular regras ou fornecer explicações. É o que ocorre com o gosto, que é o juízo estético. Se acreditarmos em Kant, a imaginação aí acolhe sensações, saídas do que se chamam dados, sem se servir de conceitos, sem obedecer a outro fim que não o próprio gosto, sem interesse, portanto, por exemplo ético e nem mesmo empírico. As únicas sínteses em jogo nesse acolhimento são as mais humildes, as que agem necessariamente na simples apreensão do sensível: reunir em uma única unidade uma multiplicidade ínfima de elementos, sustentar um dado que contudo passou para uma "como que" presença, o que é a condição mais modesta de uma rememoração, algo como a *retenção* husserliana. (Voltaremos amanhã a esses casos de síntese.) É o funcionamento muito elementar, muito sóbrio da imaginação que gera o prazer puro. Ele entra em ressonância com a capacidade de sintetizar por regra que é o entendimento (mas apenas a capacidade, e não as sínteses efetuadas de acordo com as regras). A harmonia desse duplo poder provoca a euforia do "sujeito". Repito que a própria regra conceitual, sob a qual o resultado das sínteses imaginativas poderia ser subsumido, não deve ser aplicada. Se fosse, cairíamos na determinação. A explicação que a regra pode fornecer só está aí como um horizonte bem aberto. As formas reunidas pela imaginação apenas sugerem uma quantidade indefinida de comentários e de investigações.

Segundo Kant (e segundo Cézanne), a pureza do sentimento estético, sua independência em relação ao conceito e ao interesse, encontra melhores oportunidades na natureza do que nas obras da arte humana. É por isso que sempre se justifica, nessas obras, suspeitar alguma intenção do artista, um projeto de suscitar prazer no observador ou no ouvinte, um cálculo dos efeitos —, aquele, por exemplo, que Edgar Poe expõe em "Gênese de um poema". Se tenta seduzir seu destinatário, faz com que a obra se subordine à concepção desse fim, e o prazer que proporciona é então impuro. Como suspeitar, ao contrário, que a cena da natureza altere a pureza do gosto que tomarmos por ela? Seria preciso atribuir à natureza a faculdade e a intenção de nos afetar. O prazer que tiramos de sua beleza seria então finalizado por outra coisa que não essa beleza, segundo um outro fim. Mesmo assim, esse fim não seria concebível, só seria sugerido por uma "*Chiffrenschrift*" [escritura cifrada] como diz Kant, a escrita natural das formas, que o entendimento não pode decifrar.

Se nos voltarmos para o mundo da história, nele veremos uma complexidade ainda maior, também segundo Kant. Esse mundo pede alternadamente juízos de toda sorte, cognitivos, éticos, estéticos. Gostaria de tematizar essa alternância sob o aspecto do tempo. A ocasião presta-se para voltar assim ao problema colocado ontem com a narrativa. Vocês sabem que a vida útil nas ciências sociais é do tipo "determinado", bem ao contrário do que é em uma estética do acontecimento. O conhecimento das realidades sociais fornece uma rede de relações constantes entre elementos que chamamos de fatores. Como nas ciências naturais, essa espécie de relação não está submetida à temporalidade. Pode evidentemente comportar condições temporais, mas o tempo é nela então considerado apenas como um fator entre outros. Colocamos os ponteiros do relógio na posição inicial, fixada arbitrariamente com relação ao tempo dito "real". Quando determinamos os efeitos observados, podemos medir assim no mostrador a quantidade de espaço percorrido pelo ponteiro quando acaba a observação. Esse procedimento implica evidentemente que o tempo é captado como movimento, isto é, correlacionado com o espaço de maneira regular e contínua. Nessas condições, o tempo é um componente na síntese conceitual que vai determinar a regra segundo a qual os efeitos observados são regidos. É com esse tempo que se mede a duração de qualificação necessária para uma profissão ou a sucessão das gerações em demografia, ou o lucro esperado de um investimento de capital. É também desse tempo que se diz que é dinheiro. Seria melhor dizer que o dinheiro é esse tempo abstrato reservado sob a forma de títulos de pagamento e que se gasta na produção, na circulação ou no uso dos bens e dos serviços. Todas essas transformações podem ser contadas em tempo social médio necessário à sua efetuação no contexto de uma época.

Mas e esse contexto, o que acontece com o "seu" tempo? Não é mais o tempo abstrato de que uma comunidade dispõe, ou carece, para levar seus negócios a bom termo, é o tempo em que ela vive, transforma-se, desenvolve-se, decai, isto é, em que se modifica a própria substância de sua realidade, começando por sua condição temporal. Esse tempo ao qual somos imanentes é suscetível de uma abordagem científica, em termos de juízos determinantes? Resposta evidente: por que não, já que o discurso "objetivo" tem o poder de tomar como referência qualquer fenômeno, incluindo os que acabo de citar? No entanto, tentem falar dessa maneira do tempo no centro do qual a vida, sua vida, se desenvolve, as ciências só poderão oferecer-lhes metáforas: a astronomia sugere "auroras" e "declínios" (mas de domínios); a geografia, "fontes" e "correntes" (mas de opiniões, práticas); a biologia, "crescenças" (nos intercâmbios comerciais), "senescências" (de capacidades produtivas e de produtos), a "saúde" disso, o "nascimento", a "morte", a "crise" daquilo, todos termos que de fato denotam movimentos físicos. De Platão a Spengler (pelo menos), o pensamento do tempo de imanência, aquele no qual tudo vem se inscrever, sempre se serviu dessas analogias... Esse uso basta para assinalar quanto o juízo determinante é pouco determinante quando se deve pensar o que Husserl denominava "*die lebendige Gegenwart*", o presente vivo. E, quando Hegel escreve que o tempo é o conceito, entende-se que a lógica exigida por esse conceito é bem diferente daquela, aristotélica ou kantiana, que organiza o uso dos juízos determinantes, e cuja abstração Hegel denuncia. É necessário ao conceito que pretende desempenhar o papel do tempo que comporte em si contradição, em vez de excluí-la, como Aristóteles julgava razoável. Razoável no duplo sentido de que aquilo que não contradiz a razão é razoável e de que a razão tem por si mesma o atributo de não ser contraditória. Como, de fato, propriedades relacionadas à mesma entidade, e contudo opostas, poderiam ser consistentes uma com relação à outra? A lógica empregada na *Ciência da lógica* não é evidentemente lógica no sentido de Aristóteles, mas paralógica, e a "ciência" hegeliana não tem qualquer relação com o que se denomina lógica científica. Introduzindo o paradoxo no trabalho do conceito, Hegel obriga o entendimento a integrar as inconsistências devidas à temporalidade que Aristóteles havia excluído. No idioma kantiano, diríamos que incorpora ao juízo determinante traços que pertencem ao juízo reflexionante. A construção dialética sustenta-se em seu fundo a partir de um dispositivo sofístico e retórico cujo modelo está na figura da implicação recíproca como na questão do ovo e da galinha. Esta representa a maneira como cada instante ao mesmo tempo determina e supõe seu "antes" e seu "depois". Essa inconsistência própria do tempo "vivo" resume-se na fórmula que um belo estudo de Jean Schneider, então jovem pesquisador, me revelou há alguns anos[3]: o instante é, por definição, sua própria transição, o que se escreve $t = dt$, onde t designa o instante e d a função derivada. O que se entende: se d é o diferir do instante, essa diferença é sua essência. Volto à comparação do político com a arte. Considerem a música, que é a arte do tempo por excelência. Como as cores com o espaço nas artes do visível, os sons podem admitir dois tipos de relação com a temporalidade: ou se tenta dominar sua ocorrência empregando regras, harmonia, melodia, composição, instrumentação, etc., ou, ao contrário, tenta-se entorpecer os ouvidos, desorientá-los, tornando-os incapazes de raciocinar sobre a chegada do som. Alternativa que também se pode analisar sobre o cinema, outra arte do tempo, não menos importante (abordagem esboçada em "L'acinéma"[4]).

A segunda estratégia sonora aplica-se em destruir, ou melhor, em desconstruir o que é constitutivo da primeira. Pego o exemplo da resolução. Sem esperar desenvolver sua problemática aqui, direi simplesmente que ela tem relação, como se sabe, com a supressão de uma tensão e até de uma discordância, entre sons, ou entre seqüências de sons, graças à sua combinação em um acorde final. Ora, a idéia de *Resultat*, em Hegel, provém do mesmo princípio: na fenomenologia ontológica, assim como na música, uma duração espera sua resolução. Como se a temporalidade e o material sonoro que coloca em movimento devessem se concluir após uma crise, a qual é exposta pela própria peça. Vocês notarão que esta idéia de um tempo crítico organizado desta maneira está bem

---

3. Jean Schneider, "Structure auto-référentielle de la temporalité", ex. datilografado.
4. Em *Des dispositifs pulsionnels* (1973), Paris, Christian Bourgois, 1980.

próxima do princípio hölderliniano segundo o qual o fim rima com o começo, ou seja, a noção clássica de destino. Ao contrário, após descobrir que matou o pai e desposou a mãe, o músico experimental "moderno" começa a caminhar sem tentar concluir e resolver suas experiências. Ele esforça-se mais por alcançar uma vacância tal que ele possa se manter aberto para a vinda dos acontecimentos sonoros.

Esta mesma modéstia (e esta ascese orgulhosa) talvez tenha se tornado regra em matéria política. Dou como exemplo (mínimo) o jovem professor de filosofia que chega a Constantina. Após a universidade, decide que vai completar sua cultura filosófica lendo dois autores então excluídos do ensino superior republicano: Tomás de Aquino e Marx. Por azar (para o primeiro?), ele começa pelo segundo. Ao mesmo tempo, começa a militar nos sindicatos e toma contato com os movimentos argelinos de libertação. É noviço em militância política e está fascinado pela força teórica e prática do materialismo dialético. Adquire a certeza de que uma sociedade contraditória ao máximo como é então a Argélia, onde a injustiça é flagrante por toda parte, não pode deixar de encontrar um dia a resolução de sua aporia por quaisquer que sejam os meios.

O levante que se anuncia é portanto encarado como o meio da resolução. Seu sentido é predeterminado segundo a alternativa: ou seja, se houver levante, será a resolução; ou, se não deve ser a resolução, não haverá levante. A alternativa baseia-se em um princípio dialético essencial: o que ocorre ocorre em virtude de seu sentido. Vê-se aqui como uma tomada da realidade contemporânea por meio de uma concepção teórica "plenamente" elaborada pode impedir o espírito, assim como o olho na pintura, de percorrer livre essa realidade. Quanto mais você está metido em algo, menos você enxerga.

Você vai me dizer que, afinal, o jovem militante não estava por demais enganado, pois a insurreição argelina ia eclodir, propagar-se e arrancar a independência após anos de guerra. É verdade, e eu acrescentaria que era inevitável prognosticar um vasto movimento de descolonização caso se pretendesse ter uma boa representação global do mundo de então. Mas, em primeiro lugar, um vasto movimento é uma coisa, outra é a singularidade de um caso, e vocês sabem quanto o da Argélia era diferente dos outros. Em segundo lugar, não se espera uma libertação política da mesma maneira que o ouvido pede uma resolução musical. Na primeira, deve-se agir para que ela ocorra. E, por fim, minha prática marxista era crítica, e perguntava-me que espécie de "libertação" era possível esperar, mesmo fixados os critérios que a necessidade dialética deveria fornecer à análise dessa questão. Escrevi durante sete anos a crônica argelina de *Socialisme ou Barbarie*. Eclodiram conflitos entre os companheiros do grupo com relação ao apoio a ser dado à revolução argelina. Havíamos criticado as organizações sindicais e políticas, reformistas, stalinistas, trotskistas. Tínhamos mostrado que elas constituíam um obstáculo ao livre desenvolvimento das lutas de classe. Estimulávamos a tendência, entre os trabalhadores, de exercer de fato e diretamente o controle sobre seus próprios negócios — na linha "comunismo dos conselhos" que Lênin atacara em seu panfleto contra o "esquerdismo" de Pannekoek. Nessas condições, era justo ou não sustentar a Frente de Libertação Nacional, que controlava a luta dos argelinos?

Questão difícil de resolver. Uma resposta impôs-se por conta própria com o decorrer dos anos. A única posição que não parecia injusta era aceitar a contradição sem pretender tê-la resolvido. Sim, os argelinos tinham o direito, e até o dever, de ser livres, de formar uma comunidade independente, igual às outras, que dispusesse de seu próprio nome e fosse reconhecida como tal — e devíamos, conseqüentemente, apoiá-los. Porém, por outro lado, sua luta não tinha qualquer chance de chegar ao gênero de democracia operária que acreditávamos ser justa. Ao contrário, podíamos predizer que com certeza produziria uma nova sociedade de classes, com direção militar-burocrática. Por que então estimular a chegada ao poder de novos exploradores?

Imerso nessa incerteza, o jovem militante chega a pensar que a independência da Argélia não é e não pode ser a resolução das contradições do país. Que ela só faria transferir, ou diferir, essas contradições para outras formas. E que a contradição na qual ele próprio se encontra é uma dessas formas[5].

É ilusório dar um sentido a um acontecimento, imaginar um sentido para um acontecimento, antecipando esse sentido por meio de um pré-texto. Decerto não é possível evitar essa espécie de antecipação, ela oferece salvaguardas demais contra os apelos, os "toques", que nos provêm do "grande X". Mas infelizmente nenhuma predeterminação isenta o pensar da responsabilidade de ter de dar, caso por caso, uma resposta ao caso.

De responder ao caso sem a ajuda de critérios, em suma, de julgar de maneira reflexionante. E disso esse juízo faz, por sua vez, um caso. E à ocorrência desse caso de juízo vai ser necessário encontrar uma resposta, uma maneira de encadear que será contingente. É uma condição que talvez seja negativa, mas ela é o princípio de qualquer probidade, tanto em matéria política como na arte. Acrescento: e no pensamento.

---

5. Ver *La guerre des Algériens*. *Écrits 1956-1963*, apresentação de Mohammed Ramdani, Paris, Galilée, 1989.

Brechas

Terceiro dia de viagem. Seremos um pouco mais "técnicos", como se diz. (Técnica: seria necessário tempo para comentar o emprego filosófico da palavra. Lembrar-se de que *techné* designa em grego antigo ao mesmo tempo a arte e o que chamamos tecnologia. Lembrar-se também de que tecnologia sempre significa nova tecnologia.) Dissemos que a política e a estética são aparentadas em razão do privilégio que ambas concedem ao juízo reflexionante, ao "toque". Agora, é preciso complicar um pouco o assunto. Devem-se abrir brechas em uma nuvem de pensamento ainda demasiado densa e tentar dissipar a ilusão de sua consistência, tornando-nos receptivos a acontecimentos de maior complexidade.

É verdade que a política e a estética aceitam a mesma espécie de resposta, a mesma responsabilidade, a mesma possibilidade ao "acontece...", enquanto para uma se trata de sentir e fazer sentir e para a outra, de agir? Essa é nossa questão.

Vocês sabem que na crítica kantiana a diferença é tão radical, que é atribuída à heterogeneidade das faculdades que comandam cada campo. Essas faculdades distinguem-se não apenas por seu desafio, como acabamos de dizer, mas por sua maneira de operar. Por maneira de operar entende-se, após Kant, que um juízo, se for de fato o que pretende ser, deve dobrar-se a um conjunto de regras ou de princípios *a priori*. Ora, esses princípios não são os mesmos dependendo do que está sendo julgado, o belo ou o justo. Distintos para cada tipo de juízo, constituem sua condição de legitimação.

Coloca-se que é possível conceituá-los. Tentando legitimar a pretensão do espírito de julgar de certa maneira em certa região, o exame crítico fornece uma determinação das condições de possibilidade do juízo nessa região. No entanto, essa conceituação, que é inerente à "técnica" crítica, não acarreta que as condições *a priori* dos juízos, assim definidas, sempre determinem conceitos. É possível que o objeto cuja análise forme o conceito seja ele próprio um conceito. Mas também é possível que a análise apreenda por conceito condições, nuvens de pensamento que absolutamente não são conceitos. Que podem até ser seu contrário.

A terceira *Crítica* analisa as condições *a priori* que permitem dizer de um juízo que ele é propriamente estético. Porém, se considerarmos essas condições não como o resultado da análise crítica, mas enquanto empregadas no juízo de gosto, veremos que elas não são e não devem ser conceitos. Quais são elas?

Você julga um objeto belo. Seu juízo só é propriamente de gosto se: 1) não for motivado por nenhum interesse empírico, teórico ou prático; 2) apesar de sua singularidade (pois cada um julga por si mesmo um caso único em um momento e um lugar singulares), contiver a exigência de ser compartilhado imediatamente por todos, antes de qualquer argumentação; 3) o prazer que você experimentar no sentimento do belo não implicar e não indicar de forma alguma que você conceba a finalidade desse prazer, ao contrário do bem-estar que se pode sentir com a satisfação de um desejo; 4) o juízo pelo qual se exprimir o gosto não for "problemático" ou "assertórico", no sentido kantiano: seu predicado, a beleza, não é atribuído ao objeto a título de possibilidade ou como um estado de fato. O juízo é quase "apodíctico": é necessário julgar esse objeto belo. Kant chama essa necessidade de "exemplar". Ela não é lógica no sentido estrito em que o necessário é aquilo cujo contrário é impossível. Ela não pode resultar de uma argumentação. Consiste em que cada um é "requisitado" para julgar da mesma maneira. A frase de gosto não é demonstrável, nem já demonstrada, ela "pede", sem discussão, para ser fraseada por quem quer que se encontre em relação com o mesmo objeto ou com a mesma situação.

Se considerarmos o conjunto das características transcendentais do gosto, ficaremos impressionados com a importância que Kant atribui à imediação do juízo sobre o belo. O prazer que o "sujeito" sente resulta espontaneamente de uma afinidade íntima de duas faculdades: por ocasião do objeto percebido, a imaginação apresenta livremente formas, ritmos, etc.; e o entendimento exercita-se para fornecer conceitos correspondentes a essas sínteses imaginativas, mas sem conseguir. Sua atividade permanece potencial, sem subsunção final. De modo que a afinidade entre as duas faculdades não conduz a uma determinação cognitiva. Tampouco é determinável, menos ainda predeterminável. Não existe programa de gosto.

Se o gosto fosse programável, haveria um conhecimento objetivo possível do belo. Tal conhecimento é obtido subsumindo-se o objeto percebido sob uma categoria do entendimento graças à mediação de um esquema fornecido pela imaginação. Mas aqui há apenas uma afinidade das faculdades como tais, o entendimento e a imaginação, não de suas operações efetivas, e é típico do prazer estético correspondente a essa afinidade só poder ser sentido. Esse sentimento resulta de uma excitação da imaginação pelo entendimento e de um desafio que a primeira lança ao segundo, mas uma e outro são mobilizados somente enquanto puras capacidades. Kant escreve que o belo "dá muito o que pensar, sem que nenhum pensamento determinado, ou seja, nenhum *conceito*, possa lhe ser adequado"[1]. Ele dá demais a pensar se, por pensar, você só entende conceber. E, no entanto, ou melhor, justamente, esse legado proporcionado ao pensamento de pensar *ad infinitum*, o gosto oferece-o sem mediação, sob a forma do sentimento presente. É o que se observa sobre os vários traços que caracterizam o gosto: cada um deles comporta à sua maneira a exclusão de uma instância mediadora. As expressões famosas dizem-no: "prazer sem interesse", "universalidade sem conceito", "finalidade sem representação de um fim", "necessidade do prazer reconhecida, mas não concebida". Considerando-se essa retirada do conceito no juízo de gosto, talvez estejamos bem fundamentados, mesmo se a conclusão for um tanto exageradamente merleau-pontyana, a representar o "sujeito" encarregado, em Kant, dos assuntos do belo como um sujeito mínimo, um sujeito que mal é subjetivo. É porque o processo de subjetivação propriamente dito requer uma síntese última que a primeira *Crítica* chamava "apercepção pura", que relaciona todas as representações a um "*Ich denke*", a um "eu penso". E, na "Dedução dos conceitos puros" da mesma *Crítica*, pelo menos de acordo com sua segunda edição, está escrito que o privilégio dessa subjetivação final pertence ao entendimento.

No nosso idioma, "eu penso" significa que os pensamentos que o pensar encontra divagando entre as nuvens são

---

1. *Critique de la faculté de juger* (1790), tradução francesa de Philonenko, Paris, Vrin, 1979, p. 143. [Ed. brasileira: *Crítica da faculdade do juízo*, Rio de Janeiro, Forense, 2ª ed., 1995.]

sempre imputáveis a uma instância única, a um ponto de referência de onde a paisagem deve poder ser abarcada em sua totalidade, que é o Eu. Há algum tempo, estudei um pouco a formação dessa instância estranha, "detestável", nas obras de Arakawa[2]. Não é fortuito esse célebre pintor americano ser de origem japonesa. A síntese dos dados visuais sobre um *ego* e por um *ego* só pode ser fútil aos olhos de um pensador zen. Tenho a impressão de ter sempre sonhado poder descrever e realizar as peregrinações do pensamento pelo fluxo das formas libertando-as de sua dependência, desse ponto considerado fixo. Sabe lá Deus por quê.

A desconstrução do fantasma da "criança espancada" é objeto de um capítulo de *Discours, figure*. Nele se mostra que é impossível encontrar a estrutura consistente de um si além da cena do sonho ou do sintoma. Na mesma ordem de reflexão, a energia chamada por Freud de "não ligada" ali é igualmente analisada em sua relação com a invenção artística. Freud designa sob esse nome uma reserva de energia disponível no aparelho psíquico que o torna capaz de utilizar forças, moções, pulsões não investidas, ou seja, fixadas em objetos determinados. Era ainda o motivo essencial, quase maníaco, de *Économie libidinale*. Sob as denominações de intensidade, de deslocamento livre, de corpo condutor, de grande pele, de película efêmera, era a mesma intuição de uma energia flutuante — com a pequena diferença que ela se estendia, além do caso individual, até a comunidade. A idéia de uma "articulação" paradoxal, que serve de argumento ao livro sobre Duchamp[3], provém da mesma paixão por um espaço-

---

2. "Longitude 180° W or E" (1984), retomado (modificado) em *Que peindre? Adami, Arakawa, Buren*, Paris, Éditions de la Différence, 1987, p. 67-88.
3. *Les transformateurs Duchamp*, Paris, Galilée, 1977.

tempo livre, notável pelas transformações que permite, mais do que pelas identidades que nele é possível localizar. Em 1983, *le Différend* visa a dar um estatuto "ontológico" e de linguagem, digamos "frástico", ao que Arakawa, por sua vez, chama de "*blank*". E a "pele branca" do *Mur du Pacifique*, em 1979, pertencia ao mesmo motivo. É o vazio, o nada, onde um universo apresentado por uma frase explode e expõe-se, como um fogo de artifício, quando advém a frase, e onde se apaga com ela. Esse abismo, o nada que separa essas frases umas das outras, é ademais a "condição" de qualquer apresentação e de qualquer ocorrência, mas essa "condição" não é apreensível imediatamente por si mesma. Uma outra frase é necessária para tentar apreendê-la. Essa frase comporta, por sua vez, uma apresentação que apresenta, como "seu" universo, a frase precedente assim como sua apresentação, mas ambas re-apresentadas. O "*blank*" é a condição da apresentação e de sua evanescência, um nome do ser, talvez, adiantado e atrasado com relação à ocorrência.

Confesso que existe uma espécie de claustrofobia nesse motivo, e suspeito que ainda seja o que me leva hoje a reler a análise kantiana do gosto para encontrar, no que nela se denomina a "imaginação produtiva", a revelação de uma acessibilidade livre às nuvens — ao ser. Pois a afinidade imediata da forma com o sentimento em Kant deve remeter a essa abertura. Penso que uma implicação importante dessa leitura é que ela contravém à interpretação de Heidegger segundo a qual a síntese última, o "eu penso" não passa da síntese do tempo[4]. É esquecer, na minha opinião, a análise completamente singular que a *Crítica da faculdade do juízo* faz da imagi-

---

4. Martin Heidegger, *Kant et le problème de la métaphysique* (1929), tradução francesa de Waelhens e Biemel, Paris, Gallimard, 1953.

nação e da sensibilidade, para se ater à exposição da única função cognitiva imputada à sensibilidade pela Estética da primeira *Crítica*[5]. A diferença, ou a desavença concerne, afinal de contas, à natureza da síntese. Em "Observação preliminar à dedução dos conceitos puros do entendimento", tal como se lê na primeira edição da *Crítica da razão pura*, três espécies de síntese são exigidas para que os dados possam ser apresentados ao conhecimento, à apreensão na intuição, à reprodução na imaginação, à recognição no conceito. A primeira é a mais elementar, a mais pobre, por assim dizer. Admitindo que a "matéria" da intuição sensível é uma descontinuidade pura de sons, de cores, de "toques", a síntese chamada de apreensão consiste em manter junto em uma única intuição, no sentido de ato intuitivo, essa espécie de caos material. Essa primeira unificação exige uma operação em duas frentes: que a diversidade de dados seja captada, tocada, enquanto não cessa de transitar e passar, portanto, segundo seu "*Durchlaufen*"; e que seja apreendida junto, compreendida de uma vez em uma "*Zusammennehmung*" única. Assim é a apreensão pura.

Dessa dupla operação, ter acesso à diversidade e agarrá-la de uma vez, não se vê como poderia resultar em uma intuição única e instantânea, se o espírito não fosse capaz de reter a situação e representá-la até mesmo quando os dados não estão mais presentemente presentes. Esse segundo "ajuntamento", difícil de distinguir do primeiro, como o próprio Kant confessa, denomina-se síntese da reprodução e depende da imaginação. Peço que observem que a função desta também

---

5. *Critique de la raison pure* (1ª ed., 1781; 2ª ed., 1787), tradução francesa de Tremesaygues e Pacaud, Presses Universitaires de France, Paris, 1980. [Ed. brasileira: *Crítica da razão pura*, Ediouro, Rio de Janeiro.]

se limita a re-produzir (re-presentar) um dado que esteve presente anteriormente. É assimilável, como se viu, a uma rememoração bem elementar, como é a *retenção* husserliana. Uma vez tendo essa síntese reprodutiva permitido ao "objeto" intuído deixar-se apreender a despeito do fluxo, do *Laufen* que o carrega, cabe ao entendimento reconhecê-lo por meio de uma última síntese, a recognição, que introduz o conhecimento propriamente dito. Essa síntese colige as unidades obtidas a duas precedentes e as distribui pelo que vai ser a rede das categorias, digamos, a identidade, a causalidade, a reciprocidade, etc.

O que Kant chama de um esquema, na primeira *Crítica*, não é constituído de nada além dessas sínteses pré-conceituais elementares, na medida em que preparam dados a serem subsumidos sob as categorias do entendimento e somente enquanto tais. E é ao termo dessa série de sínteses escalonadas entre o dado e o conhecimento do dado que Kant estabelece, como um princípio, um poder de sintetizar em geral, a "apercepção transcendental", que é uma "consciência" pura, originária, imutável. Pouco importa que essa consciência exista ou não, é uma instância logicamente necessária, o nome do poder que, por toda parte, faz unidade com a diversidade.

Resta saber a que faculdade Kant delega esse poder. Ora é o entendimento, ora a imaginação que pretensamente o detém. Parece legítimo, à primeira vista, nele reconhecer o "eu penso". O Eu representa de fato uma unidade última, talvez vazia, mas pelo menos capaz de agrupar o diverso sob sua autoridade e, sobretudo, de refleti-lo como em um espelho, portanto de dele tomar consciência e conhecimento. Se agora estimarmos que a faculdade que age na apercepção transcendental é a imaginação, não se tem mais necessidade de um Eu para efetuar a síntese em geral. Pois esta não tem mais, por hipótese, de tornar possível um conhecimento dos dados que seja consciente de si e desses dados. Ao contrário, a síntese dos dados, a partir de então libertada, deve poder assumir mil formas diversas, e basta o sentimento para garantir esse poder.

Tal deslocamento é exatamente o que ocorre da primeira à terceira *Crítica*. Na última, Kant explica que as cores, os sons, etc., devem evidentemente poder se agrupar em formas sem que uma finalidade conhecida guie o agrupamento, se quisermos entender algo da percepção estética ou da arte. Portanto, de forma bem diferente do que por meio dos esquemas de que o conhecimento tem necessidade. O Eu, com seus conceitos, não pode resolver o problema do fim perseguido pela finalidade estética. Uma vez liberada das responsabilidades que o conhecimento dos objetos lhe impõe, a imaginação não trabalha apenas de maneira reprodutiva, mas produtiva. Revela sua aptidão para apresentar ao espírito, quando de fenômenos apercebidos, formas inesperadas, para enriquecer e estender a síntese apreensiva da matéria perceptiva. Digamos que ela levanta uma profusão de grandes nuvens que faltam ser pensadas, ela "dá", escreve Kant, "muito o que pensar", como dissemos[6].

Na terceira *Crítica*, a imaginação chama-se faculdade de apresentação (*Darstellungskraft*), e não de representação (*Vorstellung*). Considerando o estatuto do Eu, seria possível dizer que o trabalho da apresentação não tem mais necessidade do "eu penso", que era necessário à inteligibilidade dos fenômenos. Caso se trate de multiplicar as maneiras de agrupar os dados com o intuito de apresentar formas novas que proporcionem prazer, basta um "existe o sentimento de que..." para guiar a imaginação pela massa das formas possíveis.

---

6. Idem, p. 55-56.

Agora, é possível considerar isso? No oceano das nuvens de sensibilidade, nada de Eu que navegue, ou mesmo sobrenade; apenas flutuam simples afeições, sentimentos que ninguém sente e que não se relacionam com qualquer identidade; que não passam de formas de uma nuvem ser "afetada" pelas outras... Isso dito, voltemos à nossa questão: saber se o acontecimento advém da ética ou da política como advém da estética, ou não. Não penso que o sentimento estético não tenha seu lugar no domínio do político, ao contrário. Já sugerimos isso, e tornaremos a discuti-lo adiante. Mas minha idéia é que a diferença que importa vincula-se à maneira como a lei é sentida moralmente. Peço, antes de mais nada, que se conceda sem maiores discussões que aquilo que se chama de coisa política depende de desafios éticos, e constitutivamente, mesmo se eles não estiverem de fato aí. Não se imagina uma deliberação ou decisão de ordem política que não comporte em si, explicitamente ou não, uma remissão, e até mesmo uma resposta, a uma questão do tipo: o que "nós" devemos ser, o que "nós" devemos nos tornar, na conjuntura presente? Ora, esse "nós", enquanto política, designa precisamente uma comunidade que deve sua existência à maneira como ela determina o que esse "nós" tem de ser ou se tornar e como ela determina os meios de fazê-lo ser. Pouco importa aqui o conteúdo dado à resposta: "nós" devemos ser ricos, iguais, competitivos, transparentes, patriotas ou livres. Em todos os casos, a questão contém uma obrigação: devemos. Essa obrigação pode permanecer latente, ser dissipada no contexto da situação, escondida pela ameaça das necessidades prementes, o sinal de sua presença persiste até na maneira como a tal realidade resiste a nós. Pois ela só contraria os projetos e atrasa os empreendimentos na medida em que os primeiros e os segundos visam a realizar o que o "nós" deve ser e se tornar.

Não há necessidade de dizer mais nada: chamaremos lei essa questão, que nos pergunta o que devemos nos tornar e o que devemos fazer para nos tornar. Kant chama esse fato de *"factum rationis"*, fato que não se discute, fato transcendental: a razão prática é a condição *a priori* da moralidade, qualquer que seja ela. É a própria obrigação, o fato de se dever. Não que se deva fazer isto ou aquilo, mas que haja dever, que se seja obrigado. A necessidade implica, por definição, que o querer não tenha liberdade; a obrigação, ao contrário, que, à vontade, ele possa se recusar isso, preferir aquilo, hesitar. Mas a questão ainda não está aí. Podemos negligenciar o dever, desafiá-lo, opor-lhe a necessidade, que continuamos a dever. A *"Achtung"*, o respeito ou a consideração, é essa "presença" transcendental da lei no pensar, uma consideração sem consideração pela maneira como a ação é pensada concretamente. Pois essa presença sempre advém ao sujeito empírico de maneira negativa, como uma coerção, *"ein Zwang"*. Faz sofrer, ignora o amor-próprio, a complacência consigo mesmo, a suficiência, a arrogância. Varre qualquer presunção. Quero dizer: a do si empírico e concreto, desse *ego* acorrentado sem remissão a seus interesses "patológicos". E, na medida em que o querer do si é essencialmente seu desejo de si, o apelo que lhe vem da lei só pode afetá-lo contrariando-o, decepcionando-o.

Vocês vão dizer que minha descrição enfatiza demais infortúnio na experiência ética. Mas os termos que acabo de empregar são todos de Kant, e permitem-nos determinar precisamente como a ética, por oposição à estética, acolhe o "acontece..." Em um caso, prazer puro; no outro, o *ego* empírico só é tocado à custa de perder a esperança de ficar satisfeito quanto a si. A discriminação provém da faculdade empregada em cada caso. O prazer estético nada tem a ver com a satisfação de uma necessidade de qualquer espécie, empírica, isto é, "patológica", ou transcendental, que no caso seria ética.

Ao contrário, o acontecimento, considerado no sentido prático, toca em uma vontade material, que está ligada a necessidades, a expectativas, a valores, a motivações — a paixões. Essa "matéria" da vontade é tão numerosa e tão diversa, nela existem tantas moções empíricas intrincadas que é vão esperar que a presença da lei e da obrigação possa proporcionar paz a esse querer, uma descontração, um prazer, enfim. O abismo que, segundo Kant, separa a lei da satisfação, se é tão profundo, ele o é em virtude do estatuto transcendental da lei como conceito da razão prática. A lei prescreve-nos apenas agir de tal maneira que, ou como se, a máxima de nossa vontade devesse poder ser erigida em princípio de legislação para uma comunidade universal de seres razoáveis práticos acabados. Ela não diz o que fazer, diz que se deve agir por respeito a ela, o que quer que façamos e o que quer que decidamos fazer.

Não haveria portanto acontecimento de ordem ética se o pensar não fosse advertido pela idéia de liberdade universal. Só há acolhimento ético ao acontecimento na medida em que este puder ser confrontado com essa idéia e, por assim dizer, julgado segundo seus critérios. Mas uma idéia da razão, se ela for de fato um conceito, difere totalmente de um conceito do entendimento na medida em que é impossível subsumir-lhe um dado empírico. Por isso, pode-se dizer que ela é um conceito indeterminado. Está portanto excluído que uma ação possa ser subsumida a título da causalidade (uma categoria do entendimento), sob a idéia de liberdade universal. Segue-se que a avaliação, positiva ou negativa, da acolhida dada ao acontecimento, e a da ação que dele procede, devam permanecer problemáticas. A solução desse problema pertence a um outro juízo, ulterior, cuja avaliação, por sua vez, será remetida a um juízo ulterior. Pois na ordem da ética, o juízo deve ser julgado de modo que não se cesse de avançar pelo fluxo inesgotável das avaliações sem outro guia além do respeito que se sente por uma lei indeterminada.

Existe portanto uma grande diferença entre o apelo que o conceito da razão pura prática exerce sobre o querer e as sínteses de formas que a imaginação livre pode efetuar a partir de dados sensíveis. É possível fazer sentir essa diferença mostrando a heterogeneidade das comunidades implicadas em cada caso. Segundo Kant, o princípio de um "senso comum" está, como é sabido, pressuposto em qualquer juízo estético, pois este sempre apela para sua universalização. Esse pedido de partilha faz toda a diferença do gosto puro com uma preferência idiossincrática, ou seja: uma inclinação particular, contingente e motivada. Não se gosta de Cézanne como se gosta de espinafres ou de ervilhas, isto é óbvio.

Mas também se sabe que a universalidade exigida pelo gosto puro não pode ser obtida por meio de conceitos relativos ao conteúdo do juízo. É um universal que só é requisitado, só está presente na forma de uma exigência. Se meu gosto é realmente estético, e se deve ser julgado assim, outro que não eu deveria poder experimentar o mesmo sentimento que eu diante do mesmo objeto. O que se diz: o sentimento do belo pede para ser compartilhado universalmente. Mas como efetuar essa partilha quando o gosto, bem longe de ser um juízo por conceito, que implicaria portanto ao menos uma síntese da recognição (um esquema), sem falar da subsunção desse esquema sob o conceito, só avalia as formas graças às duas primeiras sínteses das quais falamos, as da apreensão e, a rigor, da reprodução? E que, ademais, a elas vem se acrescentar uma maneira de sintetizar completamente livre, que eu chamaria síntese da produção na imaginação? Quanto ao sujeito pretendido, oprimido sob suas próprias afeições, não se vê como ele poderia articular enquanto conceito o juízo contido em seu sentimento do belo, nem com ele produzir uma argumentação passível de ser recebida pelo conjunto dos espíritos razoáveis. A comunidade estética deve portanto permanecer, como escreve Kant, uma Idéia, eu diria: um horizonte de consenso sempre esperado. Kant até fala de promessa para marcar como a república do gosto atualmente inexiste. Parece excluído o fato de a beleza poder dar lugar a uma unanimidade real. Porém, mais uma vez, cada juízo de gosto carrega consigo necessariamente a promessa de sua universalização.

Considerem agora alguns pensamentos contemporâneos relativos à comunicação: a idéia de uma unanimidade razoável, que Habermas denomina *Diskurs*; a fundação última da própria razão, que Apel acredita encontrar na argumentação metapragmática intersubjetiva; mesmo o acordo livremente consentido graças à discussão ou à "conversação" livre, que seria, segundo Rorty, o que nos resta de realmente razoável, passadas as vãs esperanças de "fundar" — todos esses modelos são, sob uma ou outra qualidade, "pragmatistas", todos ignoram a partilha do gosto e a antinomia de que sofre. Kant explica que não é possível argumentar a propósito do belo, mas que se deve contudo fazê-lo. O que quer dizer? O caráter essencial do juízo reflexivo é que ele julga sem conceito. O gosto é um juízo reflexivo onde essa ausência é levada a seu auge (onde o conceito está em seu mínimo). O que será então de uma comunidade que julga assim e tenta validar seus juízos pela argumentação? Sempre estará fazendo-se e desfazendo-se. Supondo-se que exista um consenso no horizonte desse estranho processo, ele não será obtido pela argumentação, permanecerá alusivo e elusivo, animado de um modo de ser ao mesmo tempo vivo e moribundo, *in statu nascendi et moriendi*. A existência real dessa comunidade permanecerá portanto uma questão aberta. Um consenso dessa natureza só pode gerar uma nuvem de comunidade. Isso ocorre com a comunidade ética? Emmanuel Levinas (que leio assiduamente há mais de vinte anos) diria que é uma comunidade de reféns. Cada um nela se encontra sob a dependência dos outros ou, mais exatamente, do Outro (o que chamo aqui de lei), a alteridade desse Outro oferecendo-se e escapando à vista dos outros. Seria portanto necessário dizer dessa comunidade que também ela é elusiva, como a comunidade estética? Será que jamais se acabará de decidir se uma conduta é motivada pelo interesse empírico (pelo outro) ou se ela dá testemunho da transcedência da obrigação (proveniente do Outro)?

A despeito das aparências, deve-se no entanto contestar a assimilação dos dois modos "de estar junto", estético e prático. O último pressupõe, como dissemos, a idéia de uma vontade livre de qualquer motivação empírica. Essa idéia é um conceito indeterminado. Como tal, dá lugar a suspeitas e disputas sem fim. É necessário, mas é possível, argumentar sobre o valor a ser atribuído ao caso que se julga. Melhor ainda: quanto mais se discute, mais se argumenta, mais se tenta convencer, persuadir pelos meios da dialética e da retórica —, e mais se desenvolvem a sensibilidade às idéias morais e o que Kant chama de "a cultura da vontade". Situações consideradas naturais, das quais não se suspeita, costumes, talvez instintos, acabam por constituir o objeto de deliberações e juízos. De modo que não é absurdo imaginar que haja, nessa ordem, um progresso possível. À medida que a herança comum, tradicional, é reavaliada em termos de lei e de liberdade, cresce a incerteza com relação às crenças anteriormente plausíveis, e a rede societária faz-se mais frágil, insubstancial, delgada (eu até diria *gossamer*, "aracnídea", em intenção de Gilles Deleuze, a quem prometi encontrar para essa palavra que ele adora um emprego nas presentes aulas). Mesmo na ordem política, apesar de pressionada pela necessidade e pelas urgências, a extensão dos princípios republicanos nos espíritos ainda vale como o sinal de um progresso. Mas não se encontra nada igual na história das artes. Seria absurdo sustentar que a torre Eiffel é mais ou menos bela que a torre de Pisa. A beleza não parece dar lugar a um desenvolvimento ao longo dos tempos. Nada se vê de uma progressão que levaria uma república do gosto a se formar.

Ou então... Então o quê? Ou então a beleza, com seu gosto, não é o único acontecimento estético. Há o sublime. Acontece que estudei seu motivo por longos anos, sobretudo em *Crítica da faculdade do juízo*. Consegui convencer-me, de tanto perscrutar esse material, de que a questão do sublime comanda fortemente a problemática das artes contemporâneas. Mas sobretudo no que diz respeito a nós, aqui, o sublime descobre uma outra maneira de vir ao contato dos pensamentos, uma maneira de deixar-se tocar pelo ser como pelo que sempre se dá sem jamais se dar. E talvez essa maneira seja, para o pensar, o traço do que chamamos de sua modernidade.

O sentimento do sublime, isto é, o sentimento sublime, revela à análise kantiana muitas propriedades que nos interessam. Seria impossível, inoportuno, desenvolvê-las agora. Farei apenas duas observações breves.

Em primeiro lugar, o sentimento sublime não é um sentimento simples como o gosto, mas um misto de prazer e dor. Com ele, o sofrimento entra no lote das afeições estéticas. Nele entra como uma sombra, a que uma Idéia da razão projeta sobre o trabalho da imaginação. Esta experimenta seu limite diante de objetos que a excedem por sua grandeza ou por sua força. Por exemplo, o olho, colocado perto demais de uma aresta de pirâmide, não consegue sintetizar seu conjunto de uma só vez, em uma única intuição. Kant escreve: a imaginação "perde de um lado tanto quanto ganha do outro" à medida que o olho se desloca ao longo de sua linha. Outro exemplo: o instinto de conservação, limitado ao interesse empírico da sobrevivência, quando tem de enfrentar o mar em fúria, não consegue se igualar ao poder natural desencadeado.

Pensar-se-á que situações deste tipo geram apenas temor e fuga. Podem também produzir algo bem diferente. Um "terror", dizia Burke, mas mesclado de prazer. O prazer provém do fato de se usar a razão. A imaginação fracassa em sintetizar uma forma e apresentá-la em uma intuição porque, se existisse, essa forma excederia a medida de sua "compreensão" instantânea. Esse fracasso, porém, proporciona à razão a oportunidade de descobrir que ela tem o poder de conceber esse excesso, ou seja, o infinito como totalidade. A "grandeza absoluta" não passa de uma Idéia da razão, mas o espírito sofre uma reviravolta pelo esforço vão que a imaginação faz para se igualar a essa idéia. O mesmo acontece com o sublime da força: a impotência infeliz da vontade empírica é uma fonte de prazer porque revela a presença na razão de uma causalidade independente, a liberdade, mais poderosa que qualquer poder natural.

Segunda observação. Prosseguindo no mesmo sentido, vê-se o esboço de uma estética um pouco estranha. O que nela sustenta o sentimento estético não é mais a livre síntese das formas pela imaginação, mas a falência das sínteses. Falha de síntese do lado da faculdade de apresentação, ao que responde, do lado do objeto, "*das Unform*", "*die Formlosigkeit*", a não-forma, um infortúnio da forma. Não que o objeto seja monstruoso, mas a forma deixa de ser o grande negócio em matéria de sentimento estético.

Esse sentimento não é mais, portanto, o gosto. E não pode ser mais imediato, pois tem nele a mediação de uma

Idéia da razão. Uma outra conseqüência é, assim, que o sublime permanece inacessível aos espíritos em quem a aptidão para a moralidade e para a especulação racionais não foi desenvolvida. O que acarreta que se pode admitir aqui em princípio uma espécie de progresso que não é apenas o das ciências e das técnicas, mas das sensibilidades. Não a sensibilidade ao belo, pois ela é imediata, mas ao sublime, pois ela caminha com a receptividade às Idéias da razão, e estas se "apresentam" no sentimento sublime, de maneira negativa, quando de situações "sem forma". Assim, a Revolução Francesa carrega consigo a massa formidável de suas injustiças, as crueldades, os assassinatos, termina em Terror. Recebe, contudo, uma acolhida entusiasmada por parte dos mais diversos povos. Como compreender esse paradoxo? Kant responde: a educação desses povos em matéria de Idéias morais já é tão refinada que ela lhes permite sentir a "presença" da Idéia de liberdade até no centro desses horrores e ceder à sua atração. O verdadeiro acontecimento da revolução não é a revolução, é esse entusiasmo, essa *"Begebenheit"*. É o que lhe faz sinal (*signum*, *Zeichen*) de que a humanidade está progredindo para o melhor[7].

Sei que há algo perigoso, uma ameaça, nessa leitura. Ela é capaz de transformar o pior no melhor. (O que talvez tenha acontecido com a "superação" hegeliana, a *"Aufhebung"*, que tira sua seiva do *"Erhabene"* kantiano, do sublime. Mas também existe uma perversão do germe kantiano no desenvolvimento da árvore hegeliana. Enfim, é uma outra história, vamos deixá-la de lado por hoje.) É melhor assinalar uma outra conseqüência da clivagem introduzida pela análise kantiana do sublime. Com o belo, a imaginação, que apreende imediatamente a forma, tem a hegemonia. Com o sublime,

---
7. Ver *L' enthousiasme. La critique kantienne de l' histoire*. Paris, Galilée, 1986.

ela cede a vez à razão e a suas Idéias. Como se estivéssemos assistindo à eliminação da forma e, de imediato, dessas formas puras, o espaço e o tempo nos quais as outras formas, visuais, plásticas, sonoras, enfim concretas, são sintetizadas pela faculdade de apresentar. À eliminação e talvez à aniquilação. Como se o trabalho de constituir o fenômeno devesse ser abandonado, como se a razão devesse impor seu regime por toda parte. Nas *Observações* já citadas, Hölderlin escrevia: "No limite extremo do dilaceramento, não resta de fato nada além das condições do tempo e do espaço."
A dita crise dos fundamentos agitou durante um século a matemática, a física, a mecânica. Ora, seu motivo encontra-se na questão dessas condições de espaço e de tempo. O debate científico centra-se de fato no ponto de saber se espaço, número e movimento são fundamentados em sínteses intuitivas, ou produzidos por conceito, axiomaticamente, como artefatos teóricos. Essa mesma inquietação trabalha o que se chama de vanguardas artísticas, pintura, arquitetura, música, escultura, encenação, e a própria separação das artes — inquietação decerto agravada pelo fato de que aqui é a constituição sensível imediata dos lugares e dos momentos que está em jogo. Peguem o exemplo de duas grandes correntes da arte visual moderna e contemporânea, a abstrata e a minimalista. O que as motiva é evidentemente a imaginação não conseguir responder aos desafios dessa arte fornecendo-lhe as formas de que é capaz. O espírito encontra-se assim colocado na condição paradoxal de uma estética do sublime: o espaço e o tempo apreendidos como noções (dos pensamentos) mais do que como dados, a simples apresentação eliminada pela hegemonia crescente das mídias (portanto mediações), o pensamento que só tem a ver consigo mesmo, imagens e sons que nos chegam repensados, pois foram calculados. Modo do retiro do ser, diria Heidegger, mas talvez não seja

um declínio. Talvez, ao contrário, esse retiro abra às artes, graças aos meios proporcionados pelas novas tecnologias, um acesso a "formas" bem diferentes. Contanto, é claro, que a tecnologia seja tratada como *techné*. A questão, para a arte, hoje, é saber se pode, por meio de sínteses programadas, inventar "formas" que lhe eram desconhecidas e proibidas quando estava em contato direto com a "natureza". Aspas, porque a idéia de uma natureza não tem, a partir de então, consistência, nem mesmo objeto. O que termina com ela não é a arte, é a estética. Resta à arte e, portanto, também ao pensamento, encontrar outros caminhos para alcançar outras nuvens.

Post-scriptum

Mais algumas palavras a respeito do consenso. Discordo de certos filósofos alemães e anglo-americanos a respeito do seguinte ponto: quais as condições hoje para uma comunidade ser chamada de uma verdadeira comunidade? Parece-me errado responder enfatizando a comunicação. A comunicação não constitui problema, e acontecimento, senão no tipo de situação em que me encontro neste momento entre vocês: empregar uma língua estrangeira para tornar acessível uma maneira de pensar que ocorre na minha. Comunicar constitui uma questão porque é preciso traduzir. É possível ser traduzido, é possível traduzir-se a si mesmo, pouco importa aqui. Em todos os casos, é necessário fazer uma transferência de um idioma a outro, ao mesmo tempo nacional ("natural") e pessoal. Tal trânsito interessa a todos os "níveis" de linguagem, do fonético e do literal até as conotações mais impalpáveis. E a operação levanta todos os problemas que conhecemos. De resto, faz parte da definição de uma língua que ela seja traduzível para outra (conhecida). Por isso não acho que a comunicação hoje mereça um cuidado particular:

não se constata que as comunidades humanas sejam ameaçadas em sua existência pela intraduzibilidade de suas línguas. A questão da comunicabilidade coloca-se de fato quando se trata dessas frases que são sentimentos, e não frases articuladas. Você sente que "isso é bonito", e uma comunidade de gosto é prometida de imediato, um *sensus communis*, que não passa de uma Idéia. Ou você sente que é "sublime", e foi necessário você ouvir uma espécie de apelo, que vem ainda de uma Idéia da razão, especulativa ou prática. Ora, parece-me que entramos em um modo de "estar juntos" em que essa receptividade às Idéias é cada vez mais exigida. Situação que se poderia dizer de complexidade ou de complicação crescente. Na medida em que a complexidade é de ordem técnico-científica, ela pede evidentemente uma argumentação cada vez mais sofisticada. Mas o que ocorre com a complicação em matéria de sentimento? A clivagem das faculdades analisada pela estética do sublime assinala uma complicação na própria sensibilidade. Também é o caso da arte moderna e contemporânea. Pede uma infinidade de comentários, e cada um deles exige ser considerado como uma obra de arte, ou seja, ser sentido, e comentado, por sua vez, como tal. Assim, a textura formada por todas essas frases, para as quais não há código comum de fato, torna-se tanto mais frágil quanto sua complexidade aumenta. O único consenso com que temos de nos preocupar, acho, é o que pode estimular essa heterogeneidade, esses "*dissensus*".

Memorial para um marxismo: homenagem a Pierre Souyri

O único testemunho digno do autor de *Révolution et contre-révolution en Chine*[1] é o que não posso retribuir-lhe: seria fazer a história, em termos marxistas, da corrente marxista radical à qual ele pertencia; em particular a história do grupo que publicou na França a revista *Socialisme ou Barbarie*, em seguida o jornal *Pouvoir ouvrier*, desde o final da Segunda Guerra Mundial até as vésperas de 1968; e seria mostrar por essa história como sua análise da luta de classes na China constitui sobretudo uma contribuição para a crítica da burocracia desenvolvida por esse grupo durante o período. Portan-

---

1. O livro (Ed. Christian Bourgois, 1982) tem uma história que Pierre-François Souyri relatou em outro lugar. Sua redação deve ter começado na primeira metade da década de 50. Os estudos sobre o assunto prosseguiram no início dos anos 60, os últimos artigos relativos à China são de 1968. Tratava-se de abarcar a história não apenas da China moderna, mas da República Popular após 1949. Em uma carta de janeiro de 1960 dirigida ao signatário, Souyri escrevia: "De qualquer modo, tomei decisões enérgicas a respeito da China. Como não é possível correr eternamente atrás da atualidade, decidi dividir meu traba-

to, minimizar ou omitir em meu testemunho tudo o que não contribuísse para esboçar o quadro da luta de classes, a única na qual, a seu ver, sua obra poderia encontrar um sentido. Se não consigo, não é porque ignore essa história, nem as teses desse radicalismo. Dela participei com Souyri e, por muito tempo, essas teses foram nossas. A impossibilidade não reside aí. Provém, antes de mais nada, do fato de eu não ser historiador. Não é um problema de "especialidade", de disciplina universitária. A competência, os conhecimentos, o ajuste do espírito aos métodos evidentemente me faltam, mas sobretudo uma maneira de interrogar e situar aquilo de que se fala com relação ao que se diz. Em resumo: o postulado de realismo. O que o historiador conta e explica é real, ele não

---

lho em dois e publicar um primeiro volume que irá se deter na revolução de 1949. Estou trabalhando nos remates. Acho que terminarei tudo isso na primavera e tentarei publicá-lo no início do verão." Ele constatava que a extensão do texto tornara irrealizável sua intenção inicial de publicá-lo na revista *Socialisme ou Barbarie*. O manuscrito foi submetido à leitura em uma editora parisiense. Voltou com anotações, a maioria tentando livrá-lo de seu tom e mesmo de seu léxico "polêmicos". Pedia-se, em particular, a Souyri que reescrevesse nesse sentido o apêndice ao primeiro capítulo. Ele se obrigou a isso, mas o resto permaneceu inalterado, e o conjunto foi esquecido em suas gavetas. Mais tarde, critiquei muitas vezes essa negligência, acusando-o de ser responsável por ter permitido que o maoísmo se desenvolvesse entre os estudantes franceses, o que a publicação de seu livro teria impedido. Ele ria dessa idéia infantil. Após um de nossos últimos encontros, declarou no entanto que retomaria o texto para publicá-lo. Não pôde revisar o que está editado. Dos três apêndices relativos à China revolucionária, os dois primeiros foram publicados em *Socialisme ou Barbarie*, respectivamente nos números 24 (maio-jun. 1958) e 30 (abr.-maio de 1960), o último é inspirado em artigos escritos entre 1965 e 1967 e reunidos na brochura *Impérialisme et bureaucratie...* (ver adiante). Eles dão uma idéia do que seria o segundo volume previsto por Souyri.

faz a história. Como na retórica do advogado, tudo é empregado para explorar os indícios, administrar as provas, trazer o crédito de que o objeto, o acontecimento, o homem, agora ausentes, estavam de fato ali como os representamos. A parte contrária com a qual o historiador pleiteia com todas as suas forças não é fácil de vencer; é a morte, é o esquecimento, que é a morte da própria morte. E, se ele gasta tanta energia para fazer com que ouçamos seus heróis, é para conservar na vida de nossa memória o que desapareceu da outra. Será que teria de escrever estas páginas se Souyri estivesse vivo?

Contudo, não consigo tornar minha essa atividade piedosa: compartilhar a confiança do historiador em seus fins,

---

Os outros textos publicados são: *Impérialisme et bureaucratie face aux révolutions dans le tiers monde*, coletânea de nove artigos escritos para o jornal mensal mimeografado *Pouvoir ouvrier* entre 1965 e 1967, com uma introdução e uma conclusão inéditas, publicados em brochura como suplemento mimeografado do número de janeiro de 1968 de *Pouvoir ouvrier*; *Le marxisme après Marx*, Flammarion, col. "Questions d'Histoire", Paris, 1970; *La dynamique du capitalisme au XXe siècle*, Paris, Payot, 1983. Entre os artigos e anotações de leitura que Souyri publicava regularmente nos *Annales ESC*, alguns são mais do que esclarecedores: "La crise de mai" (jan.-fev. 1970); "Quelques aspects du marxisme aujourd'hui" (set.-out. 1970); "Marxismes et marxistes" (sobre os livros de Lerner, Haithcox, Harris e Palmer, Paillet, etc.), e "Variations dans le marxisme (nov.-dez. 1972); "Révolutions russes et totalitarisme" (sobre os livros de Liebman, Avrich, Medvedev, David Rousset, Soljenitsyn e Martchenko) (mar.-abr. 1976); "Histoire et théorie économiques" (sobre os livros de Bukharin, Varga e Mandel) (fev.-mar. de 1979).

Deve-se desejar que as "figuras marxistas do capitalismo no século XX", as de Tugan-Baranowski, Hilferding, Bauer, Lênin, Bukharin, Rosa Luxemburgo, em particular, também encontrem editor. Faziam parte do mesmo conjunto de pesquisas inacabadas que tinham como subtítulo a seguinte indicação: "Imaginários teóricos, realidades históricas".

acreditar na fidelidade ou na plausibilidade daquilo que não passa, de qualquer maneira, de uma representação, esquecer que sou eu, o historiador, que faz meu homem falar e em proveito de homens que ele não conhecia e que não escolheria necessariamente como interlocutores. Se escrevo "Souyri era ao mesmo tempo modesto e inflexível, tinha horror à encenação" — o que é verdade —, já o estou traindo, estou colocando-o na ribalta e sei que ele me recusa com toda a força de sua réplica, que era mordaz. Os gregos tinham razão, existe uma humilhação dos mortos, eles têm muito do que se queixar dos vivos, que não param de abusar de sua memória. O grande afresco onde seu trabalho, a começar por essa *China*, se inscrevia, Souyri jamais me perdoaria se eu o perdesse, e sabia tanto quanto eu que a mim estava reservado o fracasso nessa missão. Era precisamente seu trabalho que deveria conseguir esboçá-lo. Ele me perdoaria com mais facilidade por falar dele se eu não escondesse que estava falando à minha maneira e se não pretendesse decidir se meu quadro era ou não realista.

O outro motivo que se acrescenta a este para me impedir de testemunhar como convém é menos pessoal e talvez de maior alcance. A história desse radicalismo marxista deveria ser pensada e escrita em sua própria língua, que era a de Souyri. Ora, ela já deixara de ser a minha quinze anos antes de sua morte e falá-la hoje acrescentaria à traição inevitável pela memória uma impostura política inútil. Divergências, como se diz, na verdade, uma profunda desavença há muito tempo fissurara o antigo bloco da amizade e da camaradagem. Em 1966, pedi demissão do "Poder Operário", um dos dois grupos saídos da cisão de "Socialismo ou Barbárie" em 1964. Em setembro, mandei a Souyri uma cópia de minha carta de demissão "para que não dissessem que aquele com quem entrei para o grupo seria o último a saber que eu saía". Aceitos juntos em 1954 para participar das atividades práticas e teóricas do grupo que publicava a revista *Socialisme ou Barbarie*, durante esses doze anos consagráramos nosso tempo e todas as nossas capacidades de pensar e agir apenas ao empreendimento de "crítica e orientação revolucionária", que era o desse grupo e de sua revista. Conserváramos até o hábito, após nosso primeiro encontro ao final de 1950, de nos reunir independentemente ou de nos escrever para debater quanto fosse necessário todas as questões políticas que pudessem nos surgir da experiência ou das leituras. Nada além, afora amar, parecera-nos valer um instante de distração durante esses anos.

Ele me respondeu em outubro com uma carta cheia de um humor doloroso. Constatava a antiguidade de nossas divergências, tão profundas que julgava vão tentar assimilá-las. Atribuía-me o desígnio de elaborar uma nova filosofia da história, da qual dizia ter todos os motivos para temer que fosse eclética e idealista, mesmo sem que eu soubesse. Acrescentava: "Os problemas a respeito dos quais nos chocamos não são a meu ver nem mal colocados, nem insolúveis no contexto das concepções marxistas (...)" Seguiam-se algumas linhas, onde ele parodiava o estilo político clássico. A seu ver, meu futuro deveria ser tranqüilo, acabava-se um período de minha vida, eu abandonava o serviço da revolução, faria outra coisa, minha pele estaria salva. Quanto a ele, sabia-se preso ao pensamento marxista, assim como a seu destino, sem contudo ignorar que ele não era mais, e talvez não fosse por muito tempo, "o pensamento que a realidade busca". Souyri preparava-se para a solidão, talvez inútil, que a pesquisa da verdade exigia dele.

Tornamos a nos ver, nunca mais como seres políticos engajados em empreendimentos comuns ou paralelos, mesmo em 1968, mas como amigos que se perderam. Esses encontros eram uma oportunidade para reminiscências alegres e amargas, compartilhadas como bem comum e desprezadas como um vão remédio para o divórcio, onde às vezes eclodiam conflitos breves e violentos sobre o terrorismo, sobre a situação do capitalismo, sobre a "solução final", sobre o alcance do movimento contestador. Nem ele nem eu queríamos fingir, um ao outro, fazer concessões, lisonjear, tampouco romper irreparavelmente. Não abordávamos de frente a linha divisória, mas a conversa, como que levada por um vento constante, empurrava todos os assuntos rumo a esse escolho, e era necessário bordejar para evitá-lo, ao mesmo tempo em que assinalávamos um ao outro que o havíamos visto, e o que fazíamos era conter nossa cólera. Sentia-me desprezado pela direção que eu tomara, como sabia que desprezáramos os intelectuais e os políticos que haviam se retirado da luta de classes ou estavam cegos quanto a seu desafio. Souyri sabia que eu estava sentindo aquilo e não se aproveitava da situação, nem se sentia culpado. Devia, por sua vez, sentir impaciência e cansaço vendo-me irritado com sua obstinação de conservar intacto o problema da história e da sociedade tal como o recebêramos de Marx, de Lênin, de Rosa Luxemburgo, de Trotski, de Pannekoek, e de querer resolvê-lo exclusivamente no contexto teórico e prático do marxismo.

Acho que nossa desavença tem uma certa importância para o entendimento do presente. Não foi apenas pessoal, tampouco somente conceitual. O desafio parecia ser saber se "com" o marxismo e com qual marxismo seria possível continuar compreendendo e transformando o novo curso do mundo após o final da Segunda Guerra Mundial. Era possível debatê-lo, e muitas vezes foi esse o caso em nosso grupo e entre nós. Mas em que língua deveríamos debatê-lo e em que língua o resolveríamos? O debate referia-se a conteúdos: a luta de classes no capitalismo moderno, a redução das taxas de lucro, o imperialismo e o Terceiro Mundo, o proletariado e a burocracia, etc.; mas o desafio era a maneira de exprimir esses conteúdos. Ora, como esse tipo de expressão chamado marxismo poderia ser empregado e se debater a si mesmo como um conteúdo entre outros? A dificuldade era lógica. Uma desavença não é uma simples divergência na medida precisa em que seu objeto não pode entrar no debate, a não ser que modifique suas regras.

Nossa desavença não tinha remédio a partir do momento em que um de nós contestava a validade do marxismo em exprimir as mudanças do mundo contemporâneo, ou suspeitava dela. Não dispúnhamos mais de uma língua comum para nos explicar, nem mesmo para exprimir nossos desacordos. E, no entanto, cada um de nós tinha em princípio conhecimento suficiente do idioma do parceiro para conseguir traduzir para o seu o que o outro dizia dele, além de si, e bastante experiência e amizade para saber que, assim, ele o traía. O marxismo fora decerto para nós uma linguagem de valor universal, capaz até de acolher em si, sob o nome de lógica dialética, a ruptura e a oposição de universais que eram abstrações, e o movimento paradoxal e infinito pelo qual eles se realizam concretamente. Soubéramos, por experiência e reflexão, e cada um de nós de maneira diferente, o que é estar encerrado em uma vida e em uma visão particulares, em uma linguagem particular, e só conseguir sair delas por meio do conflito e do paradoxo. Mas agora era a própria lógica dialética com seu operador, embora irrefutável, o antiprincípio de contradição, que estava se tornando um simples idioma. A máquina de superar a alteridade negando-a e conservando-a e de produzir o universal com o particular havia se quebrado para um de nós, no caso, para mim. Na linguagem da dialética a partir de Hegel, esse bloqueio pressagiava minha recaída vindoura no pensamento do entendimento e na lógica identitária. Eu sabia, mas justamente esse risco, e a ameaça concomitante da regressão política discutida pelos marxistas, haviam deixado de me amedrontar. E se, afinal, dizia-se o filósofo, absolutamente não houvesse o Si na experiência para sintetizar de maneira contraditória seus momentos e para assim chegar ao conhecimento e à realização dele mesmo? Se a história e o pensamento não tivessem necessidade dessa síntese, se os paradoxos devessem permanecer paradoxos, e o equívoco dessas universalidades, que também são particularidades, não fosse levantado? Se o marxismo, por sua vez, fosse ele próprio uma dessas universalidades particulares que não se trataria nem mesmo de superar, presunção ainda dialética demais, mas pelo menos de refutar na sua pretensão à universalidade absoluta, ao mesmo tempo em que a deixava prevalecer em sua ordem? Mas então em que ordem, e o que é uma ordem? Eram essas interrogações que me atemorizavam por si mesmas em virtude das tarefas teóricas temíveis que prometiam, e também porque pareciam condenar aquele que se lhes prestasse ao abandono de qualquer prática militante por um tempo indeterminado.

Para Souyri, ou seja, para mim quando tentava falar de mim na língua de Souyri, as coisas estavam claras, eu tornava a ser o que tentara em vão deixar de ser, um bom intelectual pequeno-burguês reconstruindo em sua cabeça pela milésima vez um inútil palácio de idéias e que não acreditava se emancipar da lógica dialética senão para cair mais infalivelmente ainda no ecletismo. Tinha bons motivos para presumir que ele julgava isso com toda a severidade, eu sabia que ele achava que só tínhamos importância pelo que pensamos e fazemos na guerra imensa entre exploradores e explorados e que, nesses assuntos, a afeição que se tem por alguém não deve ser ouvida. Suas simpatias, suas indiferenças e suas hostilidades certamente não se baseavam em seus princípios teóricos e políticos; ele podia conservar ternura e fidelidade para com amigos muito antigos que haviam permanecido comunistas ou detestar francamente nossos companheiros de grupo. De resto, na ordem do pensamento, tivéssemos ou não razão, éramos refutáveis ou irrefutáveis. O amigo mais caro não usufruía de qualquer privilégio de exceção nesse sentido; era preciso que ele entendesse sem reservas o que Souyri acreditava ser verdade, devendo argumentar sua refutação com razões e provas. A conversa livre em que se testam idéias ainda não comprovadas logo adquiria o aspecto de uma contenda dialética e até de um exercício erístico. Ele gostava de provocar o interlocutor opondo-lhe as razões de um procurador da revolução. Homem sensível e distraído no dia-a-dia, às vezes chegava até a crueldade na discussão. Meio paródia, meio angústia sincera, lembrava e assim lembrava-se de que não existe tolerância para o espírito que esquece seu único objetivo, a destruição da exploração pelo pensamento ou pelos atos. A dialética era sua maneira de refletir, um componente que ele tentava destacar das coisas. A experiência teórica procedia para ele como uma prática da contradição, da mesma maneira que a contradição formava para ele a nervura da realidade histórica.

Mas, para mim, essa perseverança em pensar e em agir de acordo com a dialética, como se por quarenta anos o movimento revolucionário não tivesse sofrido fracasso sobre fracasso — o que, aliás, Souyri não tinha nenhuma dificuldade em admitir, porque era isso mesmo que queria compreender —, parecia-me cada vez mais alheia às exigências do pensamento. Seria possível pensar após esses fracassos sem neles reconhecer, antes de mais nada, o fracasso de uma maneira de pensar? E, neste último caso, os "fracassos" do movimento revolucionário mereciam de fato ser chamados assim? O capitalismo conseguira, após 25 anos e uma guerra sem precedentes, sair da crise dos anos 30 sem que o proletariado dos países desenvolvidos aproveitasse a oportunidade para se apropriar do poder. A revolução de 1917, ao contrário, dera origem a novas relações de exploração. Aquilo era verdadeiro e insuportável. Porém, caracterizando dessa maneira tal período da história, o marxismo de Souyri não escondia de si mesmo seu próprio fracasso? Não estaria projetando sob a forma de uma realidade maldita sua própria incapacidade de compreender a natureza do que estava em jogo no mundo contemporâneo? Se, na verdade, o desafio não era a supressão das relações de exploração, o fracasso era apenas o do pensamento que pretendia o inverso. (E eu sabia o que Souyri respondia a isso: se o desafio não é esse, então tudo é inútil, e pouco me importa.)

Mas como saber? E até como argumentá-lo, antes de mais nada? Essa suspeita que me fez derivar insensivelmente e que me separou de Souyri não era mais argumentável, assim como uma retirada de investimento afetivo não pode ser raciocinado, de maneira que o essencial da desavença não pôde ser formulado. Em que língua eu poderia discutir a legitimidade do fraseado marxista e legitimar minha suspeita? Na língua marxista? Era melhor reconhecer que ela não era passível de suspeita, e que o fraseado marxista era legítimo por posição, mesmo que eu o contestasse ou refutasse. O idioma era mais importante que o referente, parecia ser o próprio desafio da desavença. Ora, de acordo com que regras debater as regras a serem adotadas para o debate?

As boas almas acreditam remediar essa dificuldade por meio do diálogo. Mas e as regras do diálogo? O mesmo acontece com a dialética. A deriva que me afastava de Souyri me fazia avaliar aquilo em que uma desavença não é uma contradição, mesmo no sentido materialista dialético. Pois, a meu ver, nossa desavença não afetava proposições mutuamente exclusivas, que a lógica dialética sempre podia exprimir, a uma e à outra, e que ela deveria sintetizar. A alteração afetava essa própria lógica. A realidade talvez não obedecesse a uma língua única, eu me dizia, ou, para ser mais preciso, era pior — o obstáculo não era que pudesse haver várias línguas na realidade, pois, afinal, as línguas podem ser traduzidas umas para as outras, e sua multiplicidade contraria tão pouco a universalidade de um sentido que a traduzibilidade de uma expressão é antes a pedra de toque dessa universalidade. Não, a multiplicidade que constituía obstáculo para a lógica dialética devia ser análoga à que distingue os gêneros de discurso. Pode-se efetivamente transcrever uma tragédia em folhetim, em variedades, em comédia de bulevar, o esquema inteligível da ação pode efetivamente permanecer idêntico a si mesmo de uma versão para outra (só se saberá isso se o formularmos em uma teoria, o que é, por sua vez, um outro gênero de discurso), mas em todos os casos o trágico da versão original irá se perder. Parecia-me que o discurso que se chama materialismo histórico fazia seu referente, a realidade histórica, falar na linguagem da luta de classes. Ora, este era um gênero de discurso e tinha suas regras, como deve ser, mas suas regras me proibiam precisamente de tratá-lo como um gênero, porque ele pretendia poder transcrevê-las a todas ou, o que dá no mesmo, poder dizer tudo de seu referente.

Nossa desavença adquiriu toda a sua amplidão para mim quando ficou claro que não havia simetria entre nossas respectivas situações. Pelo menos é isso que suponho, e só posso ficar no âmbito da suposição. Souyri não devia ter dificuldades demais, eu me repetia, em diagnosticar o que estava acontecendo comigo. Não tinha de provocar uma reviravolta em sua maneira de pensar, continuava a ter a faculdade de estabelecer a diferenciação, decerto jamais estabelecida — ele não era um dogmático —, mas sempre possível por princípio entre o que merece e o que não merece consideração na luta das idéias, entre o que continua querendo emancipação concreta dos explorados como seu fim e o que deixa de querê-la. Com o marxismo crítico que ele defendia, continuava dispondo de um aparelho de leitura dos fatos como sintomas, e minha aventura minúscula, que não tinha importância, não deixava em todo caso de ser julgável por ele.

Tal não era a situação daquele que o marxismo parecia abandonar. Uma espécie de perturbação ou de inibição tomava conta dele ao mesmo tempo em que chegavam a lhe faltar as razões para argumentar e ele perdia o uso da dialética. Com que objetivo refutar o outro, o marxista, se a lógica da realidade não era, como ele acreditava, governada pela contradição? Como um argumento poderia provar-lhe que se era mais "realista" que ele? E fazê-lo em nome de quê, já que ele não estava certo de que um sujeito vítima de um erro radical, o proletariado, esperava no inconsciente da história essa refutação como uma reparação que lhe era devida? E, finalmente, segundo que lógica argumentar, se era verdade que entre o fraseado marxista e os outros a contradição não era analisável ou dialetizável, como entre o verdadeiro e o falso, mas antes uma diferença ou uma desavença a constatar, a descrever, a meditar como entre gêneros igualmente possíveis e talvez igualmente legítimos? Que outro nome eu poderia opor ao do proletariado, que outra lógica à da dialética? Eu de nada sabia; ou melhor, começava a imaginar que não se tratava justamente de oposição.

De modo que essa desavença adquiriu um caráter paradoxal. Ela enchia-me de raiva, mas também deixava-me estúpido. Eu me encontrava sem palavras para dizer, a mim mesmo, o que podia significar e valer a ligação de Souyri ao modo de pensar marxista. Bem mais: podia ainda em seu lugar e em seu gênero de discurso esmagar minha própria irresolução; não via como, em que gênero, em que lugar, que deveriam ser meus, incriminar as certezas dele. De maneira obscura e ininteligente, pareceu-me que não era preciso me apressar para superar essa dissimetria, nem restabelecer o equilíbrio na incompreensão. Só deveria ser de tanto não fazer luto pela minha impotência que poderia se esboçar, eu pensava sem razão, uma outra maneira de pensar, como no mar o nadador incapaz de reagir à corrente confia na deriva para encontrar uma outra abordagem.

Foi assim que não quis ou não pude conduzir por meio da crítica, e isso até um término "teórico", o que a princípio não passava de uma insinuação surda e desagradável, a suspeita de que nosso marxismo radical não era a língua universal. A página onde se inscrevia o nome de Souyri nessa língua não foi virada. Não se tratava, para mim, de refutar teses, de rejeitar uma doutrina, de promover outra mais plausível — mas, antes, de deixar livre e flutuante a relação do pensamento com esse marxismo.

Ora, o que aconteceu graças a essa prudência não foi de início o que eu esperava, mas à primeira vista o contrário. Com ela, não conquistava de imediato uma nova maneira de pensar, mas logo surgiu a oportunidade que me fez descobrir que havia nesse gênero de discurso vagamente antiquado que era o marxismo, do qual certas expressões começavam até a se tornar impronunciáveis para mim, como podem fenecer as flores de uma retórica, algo, uma asserção longínqua, que escapava não apenas da refutação, mas da decrepitude, e conservava toda a sua autoridade sobre o querer e o pensar.

Essa oportunidade apareceu com a cisão que, em 1964, rematou o divórcio entre uma "tendência" animada principalmente por Castoriadis, que deveria prosseguir com a publicação da revista *Socialisme ou Barbarie*, e um grupo de colegas, uns resolutamente "velhos marxistas", os outros incertos, mas compartilhando uma desconfiança comum com relação à tendência, que pretendiam consagrar-se à edificação de uma organização proletária e continuariam a publicar o jornal mensal *Pouvoir ouvrier*. Essa cisão decorria de uma longa reflexão coletiva. Em 1959, pouco após a discussão sobre a organização revolucionária ter resultado na retirada dos minoritários[2], Castoriadis propusera à discussão um conjunto de teses que não implicavam apenas uma profunda reorientação de nossa política, mas um novo questionamento da própria linguagem na qual se tratava de descrever o mundo contemporâneo e nele intervir[3]. Eu me sentia próximo dessas teses, acessível à sua argumentação, porque conseguia acreditar que formulavam de maneira clara as suspeitas e inquietações das quais falei.

Que o movimento revolucionário nada tivesse a esperar das lutas centradas nas reivindicações de caráter econômico e controladas pelas burocracias "operárias"; que a questão do trabalho tivesse deixado de ser central, já que havia "pleno emprego" em todos os países desenvolvidos; que os sindicatos houvessem se tornado "engrenagens do sistema"; que a vida "política oficial" só suscitasse a apatia nas "pessoas"; que o proletariado tivesse deixado, fora da produção, de aparecer "como uma classe com objetivos próprios"; que "as classes dominantes houvessem conseguido controlar o nível da ativi-

---
2. Claude Lefort e os camaradas que garantiram a partir de 1958 a publicação do boletim *Informations et liaisons ouvrières*, e que em seguida se tornou *Informations et correspondances ouvrières*. As posições de Lefort haviam sido expostas em um texto intitulado "Organisation et parti", publicado sob sua assinatura no número 26 de *Socialisme ou Barbarie* (nov.-dez. 1958), as da maioria em um texto assinado por Paul Cardan intitulado "Prolétariat et organisation" e publicado nos números 27 e 28 da mesma revista (abr.-maio e jul.-ago. 1959).
3. Essa "plataforma" foi publicada nos números 31 e 32 de *Socialisme et Barbarie* (dez. 1960-fev. 1961) sob o título "Le mouvement révolutionnaire sous le capitalisme moderne".

dade econômica e impedir as principais crises"[4]; estas eram asserções de fácil verificação, ao que parece, naqueles tempos de crescimento regular do capitalismo nos países mais desenvolvidos. E parecia razoável concluir que nessas condições, se é que havia projeto revolucionário, seria necessário ele encontrar seu impulso em outra contradição que não a descrita por Marx em *O capital*. Como, de fato, a elevação da composição orgânica do capital acarretando a redução da taxa de lucro poderia continuar a dotar a perspectiva revolucionária de uma base objetiva, quando se constatava que os efeitos sociais e econômicos esperados eram neutralizados pelo funcionamento do capitalismo moderno?

Após Lyon, Souyri me participou em dezembro de 1959 sua "perplexidade" diante das "novidades" apresentadas por Castoriadis. Dizia-se profundamente hesitante do ponto de vista teórico: "há muitos anos, desde a ruptura com o trotskismo, não se sentia tão hesitante". Ele exigia tempo para se pronunciar, além de mais informações e explicações. Alertava-me: "Você consegue avaliar o que significa diante da 'tradição' marxista a concepção que Castoriadis está desenvolvendo sobre o capitalismo? É suficiente para me assustar, mas não para me convencer. Os que já têm uma opinião bem formada têm muita sorte." E irrefletidamente acrescentava: "Devemos renunciar? Refleti, hesitei, levantei muitas idéias contraditórias. Finalmente, tudo o que me opõe a esse grupo provém do fato de que não tem um caráter proletário."

Fiquei mais surpreendido com a interrogação abrupta do que com o alerta que a precedia: ele pedia um prazo para a reflexão teórica e pensava em renunciar de imediato por motivos não teóricos, mas de composição social e de funcio-

---

4. As expressões entre aspas inspiram-se no resumo introdutório ao texto indicado na nota anterior, *Socialisme ou Barbarie*, n° 31, p. 51 ss.

namento organizacional do grupo. Durante os anos 1960 e 1961, sua perplexidade cedeu lugar à convicção de que a descrição do capitalismo moderno apresentada por Castoriadis era errônea; e a tentação de partir foi substituída pela resolução de impedir na medida do possível e dentro do grupo que este fosse pressionado a se pronunciar por voto sobre a adoção das teses de Castoriadis: "Acho que ao pedirem que eu me pronuncie — e não devo ser o único —, pedem-me que resolva um problema 'científico' de importância decisiva, quando, afinal, mal estou informado sobre ele. Acho deplorável nesta oportunidade trocarem-se epítetos como paleo e neomarxistas. As polêmicas só podem transformar-se em dissensões graves e inúteis no grupo." Quanto ao fundo, declarava, na mesma carta de janeiro de 1960, "temer que Castoriadis considere conquistada uma consolidação do capitalismo, que não passa de uma tendência destinada a deparar com novas contradições, e confunda um *período* econômico com uma transformação durável e estável."

Esta convicção orientaria todo o seu trabalho nos anos seguintes: retomou em detalhes as análises das contradições do capitalismo que os teóricos austro-marxistas, Hilferding, Rosa Luxemburgo, Lênin, Bukharin haviam feito, começou a examinar a enorme literatura econômica e social relativa ao funcionamento do capitalismo monopolista do Estado contemporâneo, propôs-se elaborar da forma mais completa possível as contradições que não deixariam de resultar desse funcionamento. Em 1967, concluía as "Observações sobre as contradições do capitalismo" que servem de introdução a *Imperialismo e burocracia diante das revoluções no Terceiro Mundo*[5] com o seguinte diagnóstico provisório:

"Considerando-se o sistema em seu funcionamento glo-

---

5. Op. cit., p. XVIII.

bal e sua configuração concreta e do ponto de vista de sua dialética intrínseca, permanece legítimo colocar que as contradições que estão se desenvolvendo a partir do crescimento das forças produtivas em curso preparam, tanto nas relações de dominação imperialistas quanto nos antagonismos do Capital e do Trabalho e das relações específicas entre o Estado e o capital monopolizador, a desintegração do equilíbrio relativo conseguido pelo capitalismo ao superar a crise de 1930"[6].

Eclodia nesse texto sua convicção de que a história em curso e a futura continuava e continuaria a obedecer a contradições que nem os grupos monopolizadores, nem as burocracias do Estado conseguiram controlar. Quando da primeira grande depressão (1874-1896), o excesso de acumulação encontrara sua "solução" na remodelagem do capitalismo em imperialismo; a segunda (1930-1950) havia motivado sua remodelagem em capitalismo monopolizador de Estado graças à economia dita mista. Mas o novo dispositivo não tinha meios de sufocar a próxima crise de excesso de acumulação, suscitada pelo próprio "crescimento" que teria estimulado; é o que explicava o texto premonitório dessa introdução, há cerca de quinze anos. Nele admiro hoje (1980-1982) a perspicácia sombria, quando o capitalismo, a partir de então comprometido em uma nova depressão, devida sobretudo à supercapitalização, está de fato buscando cegamente os expedientes (talvez a guerra) e ao mesmo tempo as novas estruturas, que lhe permitirão retardar outra vez o prazo de sua ruína.

Não foi a isto que fui sensível na época da cisão. Pois a isso podia objetar, e na verdade objetei: o quadro é provavelmente verdadeiro, mas qual sua importância se não há movimento revolucionário capaz, dos pontos de vista ideológico e organizacional, de orientar as lutas que não vão deixar de

---

6. Idem.

acontecer por ocasião dessas novas contradições, para a solução radical destas? Ora, ele jamais foi tão fraco quanto naquele início dos anos 60; esmagado por seu próprio rebento, o stalinismo, jamais estivera tão inseguro do que poderia ser a partir de então uma solução radical para as contradições capitalistas. Souyri fazia-se a mesma pergunta, mas para ele esta não era matéria para objeção. A Castoriadis, que dizia "não existe mais objetividade conduzindo à ruína do capitalismo, o problema da revolução é o da subjetividade crítica", Souyri respondia que de fato, o problema da revolução sempre fora este, mas ele também sempre foi colocado em condições objetivas que são as das contradições do capitalismo e que são independentes dessa subjetividade. Mesmo quando esta não se faz crítica, a dinâmica objetiva prossegue seu caminho cegamente. Se a consciência revolucionária não é capaz de destruir as relações de produção capitalistas, estas produzem seus efeitos necessários, a princípio eufóricos quando a consolidação dessas relações acaba de acontecer, logo temíveis, quando as contradições saídas dessa própria consolidação eclodem. Podemos ser impotentes, mas nem por isso o capitalismo está estabilizado. Se não podemos fazer o socialismo a partir dele, ele fará sem nós o que está em sua lógica de fazer, a miséria ao mesmo tempo inculta e "desenvolvida", a barbárie.

Explicava mal a mim mesmo essa obstinação em querer compreender como o capitalismo, e com ele o mundo inteiro que atraíra para a órbita de seu movimento, pereceria por não interromper seu curso conscientemente. O que estava em jogo nessa obstinação não era, em todo caso, conservar a segurança que o *status quo* dos métodos testados e das doutrinas recebidas dá ao espírito. Tratar Souyri como paleomarxista porque achava que há uma lógica dialética na objetividade capitalista era de uma injustiça suspeita. A "tendência", desconfio, quer enterrar algo com o objetivismo, e esse algo talvez seja o que não constitui matéria para refutação, nem para revisão ou declínio, sejam quais forem as transformações sofridas pela realidade devido ao desenvolvimento capitalista. No conflito entre os renovadores e Souyri, a preocupação de proteger o pensamento e a vida da angústia com certeza não estava ao lado do último.

Hoje tento entender por quê, apesar da desavença que me opunha a Souyri e da simpatia que tinha pela maioria das teses apresentadas por Castoriadis, encontrei-me, quando da cisão de 1964, do lado do primeiro no grupo que se opunha ao segundo. E, além disso, por quê, em maio de 1968, quando, numa manhã, estava trabalhando com os companheiros do Movimento do 22 de Março na redação do panfleto intitulado "Sua luta é a nossa", um dos antigos camaradas de "Socialisme ou Barbarie" que passara à "tendência", e que eu estimava, veio de uma sala vizinha me buscar para que eu participasse da elaboração da plataforma do Movimento, que este confiara aos responsáveis de "Socialisme ou Barbarie" e de ICO ["Informations et correspondances ouvrières"], respondi-lhe como um bobo: não, não confio em vocês. Não foi um acontecimento importantíssimo e não era um motivo forte o suficiente, não lhe dou grande importância. Fora como um lapso.

Havia algo que não se deixava corromper pelos tesouros de argumentação que a tendência, e principalmente Castoriadis, gastavam para explicar e justificar a nova orientação. Nada faltava à panóplia argumentativa desses camaradas, e contudo essa saturação revelava uma carência, a mesma que o filósofo sente ao ler alguns textos de Hegel, a decepção pelo excesso. Estou falando do tom e do método, pois, quanto ao conteúdo, era mais existencial. Estávamos arrumando o marxismo, vestindo-o com roupas novas. A velha contradição do *Capital*, considerada economicista, fora jogada no lixo.

Uma nova, desta feita social, e quase ética, entre dirigir e executar, era designada como a correta. Eu certamente acreditava, como os camaradas da tendência, que o mundo estava mudando, mas no contexto das relações de produção capitalistas, portanto sem que a extração da mais-valia, da exploração, da necessidade, desaparecessem. Elas estavam mascaradas de outra maneira, mas era de fato necessário que a dependência com relação a uma objetividade não dominada persistisse para uma parte da sociedade e portanto também para seu conjunto. A ética nasce do sofrimento natural; o político, do suplemento que a história acrescenta a esse sofrimento. Não havíamos saído do político.

Mas tudo isso eram banalidades. Quem não concordaria? A "tendência" protestava que não dizia outra coisa. O que faltava portanto à sua argumentação? Nenhum dos oponentes que éramos soube dizê-lo então.

Digamos: a complexidade, a desavença, o ponto de vista de classe. Talvez fosse isso a coisa que minha própria desavença com Souyri e, de modo paradoxal, o afastamento do marxismo para mim, destacara como mais elementarmente político do que qualquer divergência e na qual as divergências tomavam corpo. Se *O capital* fora a crítica, ou uma crítica, da economia política, era por ter feito ouvir a desavença lá onde ela estava, escondida sob a harmonia, ou pelo menos sob o universal. Marx mostrara que havia pelo menos dois idiomas ou dois gêneros escondidos na língua universal do capital, a AMA [Dinheiro / Mercadoria / Dinheiro], falada pelo capitalista; e a MAM [Mercadoria / Dinheiro / Mercadoria], pelo assalariado. O falante da primeira ouvia muito bem o da segunda, e os dois idiomas podiam ser traduzidos um para o outro, mas havia entre eles uma diferença que fazia com que, transcrevendo uma situação, uma experiência, um referente qualquer expresso por um no idioma do outro, esse referente se tornasse irreconhecível para o primeiro, e o resultado da transcrição, incomensurável com a expressão inicial. A "mesma" coisa, um dia de trabalho, que se dizia nos dois gêneros, tornava-se duas coisas, como a "mesma" situação afetiva, que é trágica para um dos protagonistas e pode ser um melodrama para outro. E, como pude sentir em minha desavença com Souyri, essa incomensurabilidade não era simétrica, mas desequilibrada. Um dos idiomas oferecia-se para dizer o que era a "própria" situação, para explicar em que sentido se tratava de fato do "mesmo" referente de um e de outro lado; portanto, para apresentar-se não como uma parte em um processo, mas como o juiz, como a ciência detentora da objetividade, situando assim o outro na posição de estupor ou de estupidez que eu conhecera, confinando-o na particularidade subjetiva de um ponto de vista que permanecia incapaz de ser compreendido, a não ser que empregasse o idioma dominante, ou seja, que se traísse.

Na medida em que havia no marxismo um discurso que pretendia poder exprimir sem resíduo todas as posições antagonistas, que esquecia que as desavenças se encarnam nas representações incomensuráveis entre as quais não existe solução lógica, então era necessário deixar de falar completamente esse idioma, e eu aceitava a orientação assumida pela tendência a respeito disso, apesar da oposição de Souyri. Mas este soubera bem antes de mim que não era esse o problema. Podíamos muito bem fazer essa crítica, com isso havíamos apenas refutado o dogmatismo no marxismo, e não o marxismo; dela tirávamos algum contentamento talvez especulativo, aí perdíamos com certeza a coisa que, com ou sem razão, permanecia a seu ver ligada ao nome do marxismo.

Essa coisa, que chamo aqui de desavença, tem na "tradição" marxista um nome "bem conhecido" que dá lugar a muitos mal-entendidos — prática ou "práxis" —, designação que por excelência o pensamento teórico interpreta de maneira equivocada. Souyri não estava enganado quanto a isso, não confundia Marx com Hegel. Se há uma prática de classe, enquanto o conceito não dá lugar à prática, é porque a universalidade não é exprimível em palavras, exceto unilateralmente. Os papéis dos protagonistas da história não atuam num único e mesmo gênero de discurso. O capital que se entrega para a língua universal é conseqüentemente o que revela a multiplicidade de idiomas impossíveis de se transcrever. Entre estes e a lei do valor, a desavença não pode ser resolvida pela especulação ou dentro da ética; deve ser resolvida na "prática", que Marx chamava prática-crítica, em um combate incerto contra a parte que se arvora em juiz.

Se "Socialismo ou Barbárie" tivera para Souyri uma importância decisiva, é porque, ao sair da Segunda Guerra Mundial, após um período de colaboração de classe e à beira da guerra fria, seus fundadores haviam ousado voltar as armas da crítica radical para o que parecia ser por excelência invulnerável a essa crítica e até intocável por ela. Desde o segundo número da revista, Castoriadis demonstrara que as relações de produção na Rússia implicavam a exploração da força do trabalho por uma nova classe dominante[7]. A sociedade saída da primeira revolução proletária não era mais harmoniosa do que a sociedade burguesa; nela, o "marxismo" desempenhava o papel de idioma dominante, nela se tornara o gênero do discurso da burocracia. Souyri tivera um outro sinal notável de que o grupo possuía um ponto de vista sem antolhos com a publicação, num dos primeiros números da revista, da tradução francesa do livro de Paul Romano, *L'ouvrier américain* — escrito no gênero de depoimento, em que se

---

7. Pierre Chaulieu, "Les rapports de production en Russie", *Socialisme ou Barbarie*, n° 2 (maio-jun. 1949), p. 1-66.

enfatizava a incomensurabilidade das "mesmas" experiências conforme elas sejam ditas no idioma do patrão ou do pequeno chefe ou no dos operários e sem a preocupação de saber quem, se os primeiros ou os segundos, fala ou não "marxista". Em pleno jdanovismo, a afirmação parecia uma provocação.

Nessa radicalidade reencontrada, houve um grito de libertação: antes da guerra, Trotski deixara a suspeita de que o proletariado talvez não fosse capaz de estar à altura da crítica prática da sociedade de exploração; antes de mais nada, dizia "Socialismo ou Barbárie", era preciso constatar a incapacidade do trotskismo de estar à altura de sua crítica teórica. A análise marxista permanecia válida, apesar das imensas derrotas sofridas pelo movimento operário desde os anos 30 e da dominação stalinista. E o que com ela escapava à decrepitude não era apenas a idéia de reconstituir uma organização internacional livre das hesitações do trotskismo, não apenas a perspectiva de uma nova "grande política"; era, antes de mais nada, a liberação da capacidade crítica, a reafirmação de que o ponto de vista de classe não devia poupar nenhum objeto e que a tarefa principal dos revolucionários era detectar por toda parte a desavença, mesmo onde ela se escondesse sob simples divergências.

Para Souyri, como para muitos outros, o marxismo fora a única maneira decisiva de replicar ao desafio lançado pelo capitalismo à liberdade e ao sentido da história fazendo ressurgir o conflito onde estava abafado. Por que a liberdade do trabalho significava a dependência do assalariado sob pena de morte? Por que o desenvolvimento das capacidades de produção em um lugar gerava seu subdesenvolvimento em outro? Por que o desenvolvimento das técnicas era acompanhado da alienação dos trabalhadores? Por que o aumento do poder de compra não libertava do dinheiro? Por que a multiplicação dos meios de comunicação podia caminhar lado a lado com a ruína das redes sociais e com a solidão de massa? Por que a paz e por que a guerra? Por que a evolução dos conhecimentos tinha como contrapartida a degradação da identidade cultural do homem comum? Não somente podíamos compreender esses fatos graças ao marxismo como também esperar modificar seu curso, talvez acabar com eles, colocando a força da crítica radical na escola das lutas dos oprimidos e a seu lado.

Mas a esses paradoxos, clássicos como o próprio capital, veio acrescentar-se outro escândalo, e foi o quinhão de nossa geração ter de reconhecê-lo e fazê-lo cessar. Era, travestida justamente em movimento operário, a inversão do sentido dos órgãos que ele se atribuíra: o sindicato contribuía para regular a exploração da força do trabalho, o partido servia para modular a alienação das consciências, o socialismo era um regime totalitário, o marxismo não passava de um véu de palavras jogado sobre as desavenças verdadeiras. Há quem tenha demonstrado má vontade diante da temível tarefa de reconhecer e denunciar essas perversões e preferisse aguardar que a história disso se encarregasse em seu lugar — foi o que fizeram os próprios interessados nos subúrbios de Poznan ou de Varsóvia, no coração de Budapeste e nos confins do interior chinês. Tempo de revelação fulgurante, geração de irresolutos e retardatários. Mas Souyri, que em 1942 tinha dezessete anos, era membro do PC clandestino do Aveyron, tinha responsabilidades no grupo de resistência FTP [Franco-atiradores e *Partisans*] do Aveyron e do Tarn — saía do PC no final de agosto de 1944, entrava em contato com trotskistas e ex-membros do POUM, aderia à IV Internacional em 1946, questionava-se sobre o RDR [Reunião dos Republicanos] em 1948, em 1949 terminava em Toulouse seus estudos de história e abandonava os trotskistas e a Terceira Força, em setembro de 1949

assumia em Philippeville, Argélia, seu primeiro posto de professor. Uma boa alma diria que estava queimando etapas; o fato é que o desafio lançado pelo stalinismo à verdade e à liberdade atingira-o em cheio, e ele buscava de qualquer modo uma saída que não fosse desonrosa. Não tinha um instante a perder. Gostava de Rimbaud, Maiakóvski, Benjamin Péret.
  Muitos de nós fomos dar aulas na África do Norte quando saímos da universidade. O que lá procurávamos pouco importa aqui; o certo é que Souyri, quando o conheci em Constantina após uma reunião sindical que ele acompanhara em silêncio, tinha sobre a maioria de nós, pelos menos sobre mim, a vantagem de já saber por experiência e reflexão o que é um ponto de vista de classe e não estar disposto a deixar-se enganar por aquilo que tentaria fazê-lo esquecer-se dele. O argumento de que criticar a esquerda é estar à direita, tão freqüente na propaganda comunista de então e tão bem recebido pelos intelectuais, jovens ou nem tanto, para os quais toda a questão política era serem odiados pela sua burguesia, deixava-o indiferente. Ele sabia que "esquerda contra direita" não é um ponto de vista de classe e que a verdadeira desavença é sutil de outra maneira, exige ao mesmo tempo mais escrúpulo intelectual e mais resolução. Tudo o que se podia discutir em matéria de tática, estratégia, análise ou filosofia política, fazia-o com a maior das minúcias, ora no registro da angústia trágica, ora no da ironia épica. Tampouco desdenhava recorrer aos recursos da farsa. Na ocasião, demos as maiores gargalhadas, políticas e não políticas. Ele era alegre e satírico como os grandes inquietos. A atividade intelectual estava sempre sob tensão afetiva, mas esta protegida por um uso ao mesmo tempo paródico e espontâneo dos grandes gêneros da poética e da retórica clássica.
  Em suma, ele me intimidou. Seu marxismo não era de escola, não era uma interpretação possível das coisas da histó-

ria, nem uma doutrina verdadeira, era a forma da sensibilidade, o esquema da imaginação, a retórica das afeições, a analítica e a dialética dos conceitos, a lei da vontade. Bem longe de oferecer ao espírito a tranqüilidade finita de um saber estabelecido ou de um guia pragmático, era a personificação de sua inquietude, fornecia-lhe todas as oportunidades de tornar a questionar o que acreditava ter imaginado, sentido, conhecido e identificado. Os de nossa geração e os que nos seguiram encontraram apenas o cadáver ou o fantasma do marxismo, o pensamento pré-fabricado de um partido ou de um Estado burocrático colocado no lugar do pensamento, munindo-o com suas frases dogmáticas, vulgares e prudentes. Tive a sorte, quando o grande século do marxismo já entrava em declínio, de aprender, quando conheci Souyri, que a dialética histórica e materialista podia não ser apenas o título de uma cadeira universitária ou de uma responsabilidade em um escritório político, mas o nome de uma resolução.

Ele me ensinou a resolução no momento em que eu a procurava, após tantos anos de trabalho de luto ou de incubação. Como muitos outros historiadores franceses e com a ironia incrédula de um Lênin, ele zombava dos filósofos: a única coisa que vocês fazem é colocar problemas. Ora, havia um problema e ele queria resolvê-lo. O resto era futilidade. Era preciso que se apagasse a presunção da inteligência de falar de tudo para todos, que ela se perguntasse sobre a trágica besteira do que não tem palavras para se fazer entender, nem lei para se justificar. Era necessário descer aos subsolos da necessidade, neles procurar o sentido dos efeitos históricos mais irracionais. Não bastava construir o quadro inteligente e completo da realidade, era preciso escutar as paixões obscuras, a soberba dos dirigentes, a tristeza operária, a humilhação dos camponeses e dos colonizados, a cólera e a confusão daquilo que se revolta, a confusão também daquilo que pensa. Encontrar o fio de classe no imbróglio dos acontecimentos, reconstruir a dialética das necessidades, dos interesses e das crenças por trás das declarações e dos atos dos poderosos, orientar-se e reorientar-se sem cessar em torno de um pólo: a destruição da exploração, criticar tudo o que age mal ou absolutamente não age, para vencer e compreender por que é assim.

As tarefas que aguardavam a crítica marxista radical ao final da Segunda Guerra Mundial e que "Socialismo ou Barbárie" arrolava em seu programa desde o início não o pegaram desprevenido. Criticar a estrutura de classe da sociedade russa e de toda a sociedade burocrática; analisar a dinâmica das lutas nos países subdesenvolvidos; compreender a função da ideologia, a começar pelo próprio marxismo, e o papel do partido, inclusive bolchevique, na formação de uma classe dominante; retomar a crítica do Estado com base no que acontecera na Europa nos últimos trinta anos, fascismo, nazismo, stalinismo — ele já se consagrava a isso. Estava pronto para viajar tanto quanto necessário. Eu embarquei com ele e, após três anos de ruminação comum, em que ele me ensinou tudo, exceto o que os próprios argelinos me haviam ensinado, encontramo-nos juntos a bordo de "Socialismo ou Barbárie".

Em seguida, quando se tornou evidente que o capitalismo, uma vez reconstituídas suas capacidades de produção e de mercado, havia finalmente saído da longa depressão iniciada em 1930 e relançado o processo da acumulação ampliada, surgiram novos obstáculos, novas realidades opuseram sua opacidade a nosso marxismo: a reorganização do capitalismo em capitalismo burocrático ou monopolista de Estado; o papel do Estado moderno na economia dita mista; a dinâmica das novas camadas dirigentes (burocráticas ou tecnocráticas) dentro da burguesia; o impacto das novas técnicas sobre as condições de trabalho e as mentalidades dos operários e dos empregados; os efeitos do crescimento econômico sobre a vida cotidiana da cultura; o surgimento de novas reivindicações entre os trabalhadores, e a possibilidade de conflitos entre a base e os aparelhos nas organizações operárias; todos os traços, enfim, cuja análise deveria precisamente oferecer pretexto, alguns anos mais tarde, para as teses da "tendência" e para a cisão do grupo, enquanto levaria Souyri, em sua busca obstinada por uma refutação irrefutável dessas teses, ao isolamento mais completo.

Mas, enquanto isso, o fato é que, como se sabe hoje, muitos desses traços das sociedades do Leste e do Ocidente foram então analisados e compreendidos, que outros "descobriram" vinte ou trinta anos depois sem com isso serem capazes de suportar ideológica ou mesmo psiquicamente sua revelação. O balanço que aos poucos foi feito nesses quinze anos era implacável[8]. Uma vez o stalinismo identificado como a ideologia de uma classe dominante e o totalitarismo como o modo político próprio da dominação dessa classe, não havia mais nada que uma crítica radical pudesse esperar das organizações operárias, que de perto ou de longe obedeciam às instruções dessa classe ou reproduziam seus traços, nem dos intelectuais que se acreditavam marxistas porque liam Marx e não gostavam dos patrões. Espreitávamos os menores sinais de uma desavença entre o proletariado e as burocracias que falavam em seu nome.

Ora, houve muitas, e insignes como o são as vitórias proletárias: os levantes de Berlim Oriental em junho de 1953, depois durante o ano de 1956, a insurreição de Poznan em

---

8. O estudo publicado por Claude Lefort no número 19 de *Socialisme ou Barbarie* (jul.-set. 1956) com o título "Le totalitarisme sans Staline — L'URSS dans une nouvelle phase" é, a partir desse momento, um modelo clássico do que se elaborava então a respeito da burocracia.

junho, depois o Outubro Polonês, no início de novembro a revolução dos Conselhos Operários na Hungria e, em maio-junho de 1957, a agitação em toda a China, que fez tremer o aparelho do partido. Ao publicar, em 1958, o artigo de Souyri intitulado "La lutte des classes en Chine bureaucratique"[9], nosso grupo manifestava mais uma vez que a desavença entre os burocratas "comunistas" e seus explorados não levantava mais dúvidas, pelo menos para os próprios interessados, e que os primeiros não ocupavam mais a situação confortável de antes da morte de Stálin. Mas também atacávamos diretamente a idolatria, o conservadorismo disfarçado, o stalinismo deslocado que tentava proteger o domínio chinês da crítica marxista radical e que chamávamos de maoísmo. Relendo esse estudo hoje, nele reconhecemos o atrevimento e a alegria que um Marx reivindicava em outros tempos como o direito da verdade contra a censura prussiana, salvo que a censura ridicularizada aqui era a do presidente da China, exercida sobre o Ocidente graças à dedicação que encontrara entre os intelectuais (Sartre ressurgia) e também que a desavença a ser revelada se encondera desta feita sob a figura burlesca das "contradições não antagônicas". Naquele momento, "Socialismo ou Barbárie" tinha apenas uma voz e falava o idioma dos que a opressão em geral reduz ao silêncio e que então se faziam ouvir. E a de Souyri a ela se mesclava.

Sua resolução, como já disse, voltou-se contra a tendência quando foi preciso analisar as contradições do capitalismo burocrático e quando acreditou ver em suas teses os sinais que para ele anunciavam o abandono do combate de classe, ou seja, a perda da inteligência e da vontade. Pois a coisa que gerava a história também procurava ser esquecida, e o

---

9. *Socialisme ou Barbarie*, n° 24 (maio-jun. 1958), p. 35-103.

entendimento necessitava de todas as suas forças para detectar todos os seus efeitos na desordem infinita dos dados, a razão para elaborar o processo do conjunto das contradições que a coisa não poderia deixar de produzir, a vontade para se fixar sem distração sobre a destruição dessa coisa. Esta era a única realidade, toda a realidade, mas não cessava de se mascarar. Ela era o inconsciente da humanidade, tratava-se de escutá-la, de encontrar uma expressão para ela, de suprimi-la. Tudo o que no curso de nossos pensamentos contribuía para sua omissão, mesmo que tendencialmente, era refutável, refutado e desprezado. Souyri zombava disso tachando de inovação, de fantasias, de reformismo, de desvio sorbonnense. Continuava sendo um arranjo com a coisa, fútil, ilusório, e necessariamente destinado ao fracasso. A própria injustiça não era o nome conveniente para designar a coisa. Numa última discussão, ele me disse a propósito do terrorismo: não gosto da palavra "justiça". É que a tal coisa era tão grande a seus olhos que não era possível triunfar sobre ela com a intenção ou a instituição justas. Irreparável apenas nas consciências e apenas pelas vontades, ela era a fonte insuportável de onde a história humana tirava seu contra-senso e seu senso. Era ela que fazia do curso das coisas uma necessidade trágica, ao mesmo tempo em que oferecia à vontade a faculdade de inverter esse curso, graças à memória das experiências que ela provocara e à inteligência dos processos pelos quais ela se exprimira, mas graças, antes de mais nada, ao aprofundamento da desavença que ela suscitava.

    Souyri encontrara em Marx palavras para dar nome a essa coisa irrefutável; exploração era uma delas. Não conseguia desviar dela o espírito. Só ela merecia o consumo sem medida de toda inteligência e de toda vontade. Não era possível reconciliar-se consigo mesmo, ser feliz e inteligente, usufruir a vida, enquanto ela estivesse ali. Ela era a infelicidade, a doença e a promessa da morte pesando sobre a espécie. E não era a "boa morte" que salva o espírito, mas a miséria que o extenua, condena-o à repetição, abusa dele e o elimina. Exploração pode parecer uma categoria clássica da crítica da economia política; necessidade dialética, uma concepção caduca do movimento da história. Souyri podia passar aos olhos de alguns leitores ou de certos colegas como defensor de um marxismo à antiga, do economismo, do necessitarismo e também do centralismo devido à sua suspeita com relação ao espontaneísmo. Confiar na espontaneidade das massas era a seu ver um pouco como contar apenas com o inconsciente para se emancipar da neurose. O mal provocado pela exploração estendia-se tão profundo que não era possível esperar extrair das forças da natureza humana com o que combater o que a oprimia. A desnaturação estava no princípio da história, não se sairia dela restabelecendo um estado de humanidade anterior à divisão em classes, estado de resto inteiramente imaginário, mas organizando a desnaturação suprema que se chamava socialismo e do qual o capitalismo trazia em seus flancos apenas a possibilidade contraditória. Era preciso escutar o inconsciente da história, a experiência das lutas, como se dá ouvidos ao paciente, mas também defender essa experiência contra aquilo que trabalhava nela mesma para desfigurá-la.

Quanto ao economismo e ao necessitarismo, só era possível imputá-los a Souyri porque se esquecia de que os homens não fazem o que querem e o que pensam, mas outra coisa, que não querem, que dificilmente concebem e a que estão acorrentados por uma lógica que os ultrapassa, e essa sujeição não pode desaparecer enquanto a coisa que a motiva não for suprimida. Por isso, na opinião de Souyri, estava excluído que o capitalismo conseguisse de alguma maneira controlar definitivamente seu próprio funcionamento e emancipar a humanidade da necessidade.

Nas relações ditas de produção, não era apenas a extração da mais-valia que entrava em contradição com sua realização, era a autocriação da humanidade pelo trabalho que se invertia em sua aniquilação. O capital, por ser o nome de um crime inexpiável contra a liberdade e a dignidade, era por essência incompatível com qualquer tomada de consciência do que ele é e com qualquer domínio efetivo do que faz. Os que acreditavam serem burguesia e burocracia capazes de realizar uma estabilização definitiva do sistema econômico por meio de instituições criadas deliberadamente para esse fim esqueciam-se de que a coisa, como o inconsciente, frustra qualquer racionalidade contratual. A democracia parlamentar, o reformismo social, a economia mista, o "capitalismo moderno", segundo Castoriadis, mudavam certamente as condições da desavença, deslocavam a luta de classes, permitiam que algumas realidades ocultas aparecessem, mas à custa de dissimular outras e sem suprimir as razões da cegueira.

Acho que Souyri imaginava a resistência do capital à crítica e à intervenção revolucionárias como a do inconsciente à análise. O socialismo não era uma melhora do funcionamento econômico e social, uma redistribuição mais justa dos frutos do trabalho; era a alternativa, a única, à barbárie imanente ao desenvolvimento do capitalismo. Nada podia garantir seu advento. Só uma coisa era certa: a alternativa não desaparecia com o desenvolvimento do capitalismo. Da mesma maneira que a neurose contém em si, se acreditarmos em Freud, a indicação de uma terapêutica, mas não conduz por si só a seu emprego, o socialismo não estava no capitalismo como um germe, mas como "uma oportunidade a aproveitar". Contra o objetivismo de um Kautsky, Souyri tomava para si a crítica

de Rosa Luxemburgo: "Se o socialismo não vier no tempo desejado", escrevia[10], "arrancado dos flancos da velha sociedade pela ação decisiva das massas, toda a sociedade vai regressar à barbárie [...] A teoria marxista não é mais apenas uma ciência que entrega o conhecimento objetivo das leis de um processo histórico orientado para a economia, mas uma crítica do real, elaborada de um ponto de vista de classe, com o intuito de despertar as massas para a consciência de sua tarefa histórica e abrir o caminho à prática revolucionária."
Tudo o que pensa estava ameaçado pelo esquecimento desse ponto de vista. Chego a me perguntar se Souyri não pensava no fundo que só se pensa para melhor esquecê-lo. Ele queria pensar para destacá-lo. Quando se ocultava a coisa imemorial, ela intoxicava o amnésico, quer se chamasse Império, República burguesa, Estado socialista, partido, pensador, e o destruía. No início, ele me deixara ler, mais para minha orientação do que para pedir minha opinião, o manuscrito de um estudo escrito no final dos anos 40 ou no início dos 50 sobre o problema da escravidão em Roma e sobre a decadência: o Império nascendo do sufocamento da luta de classes que se desenvolvera sob a República e sucumbindo por tê-la reprimido. Quadro sumário, dizia. Esse esboço enérgico do bonapartismo antigo no entanto me esclareceu. A decadência era a idéia sombria que dominava sua atividade intelectual e militante, como a do grupo e talvez como a de todo revolucionário, a idéia de uma sociedade onde a desavença era tão bem sufocada que suas manifestações só poderiam ser então selvagens, esporádicas, inconsistentes, onde o pensamento e a organização, indispensáveis para "aproveitar a oportunidade" do socialismo por ocasião de tal desordem

---

10. *Le marxisme après Marx*, op. cit., p. 22.

gerada pelas contradições do sistema de exploração, abandonavam suas tarefas, por não encontrar qualquer repercussão. O "pavor" que sentiu a partir de 1960 diante da primeira formulação das teses da "tendência" foi para ele como o sinal que era portanto o final: o que havia de mais radical no mundo como crítica teórica do capitalismo contemporâneo aceitava com tranqüilidade, e até lisonjeiramente, a idéia de que essa crítica radical não tinha mais qualquer raiz na objetividade. A desavença só ocorria entre consciências, por definição iguais e livres, não era portanto mais uma desavença, mas um debate. O inconsciente da história era denegado dessa maneira.

Ora, ele considerava certo que em favor de tal denegação, que era justamente do que o sistema precisava, a história passaria por inteiro sob o regime desse inconsciente e que a humanidade sofreria as contradições inevitáveis do capitalismo que alcançara o estágio monopolista de Estado ou burocrático, tendo perdido com o ponto de vista de classe o meio de tomar uma consciência crítica de sua sorte e dela escapar.

Ele mergulhou no estudo minucioso dos mecanismos que não deixariam de suscitar a depressão mundial seguinte. A morte surpreendeu-o no momento em que reconhecia os pródromos desta na realidade[11]. Ele só sentiria um amargo consolo se visse mais dela, sem avistar em qualquer lugar os sinais de uma inteligência crítica e organizada capaz de enfrentar a crise e de derrubar o curso reacionário que ela não deixaria de imprimir no movimento da história. Já em 1968 e depois, argumentaria, os esforços da vanguarda estudantil e intelectual de conquistar os trabalhadores para o movimen-

---

11. Ver, por exemplo, o resumo do livro de Ernest Mandel "Le troisième âge du capitalisme", em *Annales ESC*, n° 2 (fev.-mar. 1979), p. 379-381.

to contestador não tiveram resultado, enquanto as condições objetivas, as de uma estabilidade relativa das economias capitalistas, lhes eram favoráveis. O que não aconteceria em caso de crise geral? Não é o caso de discutir aqui essas razões, nem essas perspectivas. Sua ausência e nossa desavença obrigam-me ao silêncio. Testemunhei o que me é permitido evocar sem traição, essa própria desavença, que nos traía um após outro, onde senti, para minha surpresa, o que no marxismo torna qualquer objeção e faz de qualquer reconciliação, mesmo na teoria, um engodo: há vários gêneros de discursos incomensuráveis em atuação na sociedade, nenhum pode transcrevê-los todos e, contudo, um deles, pelo menos, o capital, a burocracia, impõe suas regras aos outros. Essa opressão, a única radical, a que proíbe que as vítimas testemunhem contra ela, não basta compreendê-la e ser seu filósofo, é também preciso destruí-la.

Souyri pensava com toda a lógica que se não são as vítimas do capital e da burocracia, seus "outros", os explorados, os oprimidos, que saem do silêncio e começam a testemunhar por elas próprias, então o que nós, os intelectuais, podemos pensar disso só tem importância de um ponto de honra teórico e o valor de apenas uma utopia. É assim que se deve entender a última frase do *Marxisme après Marx*: "De fato, o marxismo, que é, em sua essência, uma teoria da luta de classes, só poderia ser atingido em pleno centro se conseguíssemos demonstrar que o mundo superou o dilaceramento que o habita. Então, os marxistas não poderiam mais evitar reconhecer que sua doutrina não passava da máscara de uma utopia"[12].

Dentro de que lógica se demonstraria o fim da desavença? Na do marxismo, isso não é demonstrável. Em compensa-

---

12. Op. cit., p. 113-114.

ção, podemos julgar a desavença insuperável no sistema capitalista sem por isso esperar sua supressão, como pelo menos quer a doutrina marxista, com a tomada do poder por um partido-classe sujeito da história. O marxismo é então a inteligência crítica da prática do dilaceramento nos dois sentidos: declara o dilaceramento "fora", na realidade histórica; o dilaceramento "dentro" dele, como desavença, impede essa declaração de ser universalmente verdadeira de uma vez por todas. Como tal, não está sujeito a refutação; ele é a disposição do campo que a torna possível[13].

---

13. A Argélia quase não aparece nesse testemunho. Para mim, teve a importância do que inicia diretamente no político, o que não foi o caso para Souyri. Preferi não correr o risco de interpor minha experiência entre o leitor e a Argélia de Souyri.

Este livro foi composto em Goudy
corpo 12 por 14 e impresso sobre
papel off-set 90 g/m² nas oficinas da
Bartira Gráfica em agosto de 2000